U0856691

我就是我

生命是一场华丽的蜕变

秦以金◎著

广东旅游出版社
GUANGDONG TRAVEL & TOURISM PRESS
悦读书·悦旅行·悦享人生
中国·广州

图书在版编目（CIP）数据

我就是我：生命是一场华丽的蜕变／秦以金著．—广州：广东旅游出版社，2016.10（2018.10重印）

ISBN 978-7-5570-0544-3

Ⅰ．①我… Ⅱ．①秦… Ⅲ．①秦以金－自传 Ⅳ．①K825.38

中国版本图书馆CIP数据核字（2016）第221717号

我就是我：生命是一场华丽的蜕变

Wo Jiushi Wo：Shengming Shi Yichang Huali de Tuibian

广东旅游出版社出版发行

（广州市环市东路338号银政大厦西楼12楼　邮编：510180）

印刷：北京晨旭印刷厂

（地址：北京市密云县西田各庄镇西田各庄村）

广东旅游出版社图书网

www.tourpress.cn

邮购地址：广州市环市东路338号银政大厦西楼12楼

联系电话：020-87347732　　邮编：510180

880毫米×1230毫米　32开　7.25印张　142千字

2016年10月第1版　2018年10月第2次印刷

定价：39.80元

推荐序Ⅰ

自救与救人

秦以金老师的智慧，在于他的选择决定：

他选择成为舞蹈艺人，从此生命开始绽放；

他选择创业之路，从此生命有了不一样的经历和体验；

他选择教育培训行业，从此开始人生的自救与救人之路。

秦以金老师的魅力，在于他的简单纯粹：

他简简单单地与人交往、交流和交心；

他真真切切地做人、做事、做教育培训。

秦以金老师的卓越，在于他的日日精进：

他五年如一日地日日精进，夜夜沉思，天天反省；

他持续不断地挑战自我，战胜自我，并最终超越自我；

他始终如一地精心准备，用心努力，以责任与使命演绎着每一场演讲。

成杰

巨海集团董事长

上海巨海成杰公益基金会创始人

2016 年 7 月 28 日于上海第 232 期“一语定乾坤”研讨会

前言

遇见更好的自己

人到中年，我突然有一种感觉，亦是一种发现。与同龄人相比，我活得更年轻、更自在、更绽放。这不是一种错觉，也不是一个笑话，而是真实的感受！

站在巨海这艘大船上，我极目眺望，看到了明日的辉煌，感受到这艘船上的感动与震撼，智慧与梦想。我无数次拥抱最真切的爱，我的生命在爱的包围中充满善良、慈悲和感恩。

40个春秋转瞬即逝，我来不及回顾，也来不及总结，偶尔停下脚步，静心独处时，才蓦然发觉时间的飞逝，许许多多的记忆一股脑儿涌上心头，泪水便模糊了双眼。

记忆是风干的“馒头”，是应该坐下来仔细品味了。在无穷无尽的回味中，我拿起手中的笔，记录我曾经的迷茫与今日的蜕变。

经历了充满乐趣的少年，铁骨铮铮的青年，岁月像一条从缓缓而流到飞流湍急的河，我在河流中鲜活着、绽放着。

若不是一本书、一堂课、一个人，我的生命怎会这般精彩，我的人生怎会如此绽放。或许是上天看到了我的勤勉、我的奋斗，同时，也看到了我的迷茫、我的懵懂，同情我、怜悯我，便让一位智者来影响我、改变我、普度我。

我在成杰老师的课堂上，顿悟人生，蜕变自我，寻求生命的价值与意义。

在遇到他之前，我的生命一片灰暗，我不知道明天要怎样度过，我不知道人生要走向哪里，日出日落，光阴流逝，我却在蹉跎岁月。我用泡酒吧、去夜总会来打发时光，我好勇斗狠地对待触犯我的人，我讲义气，结交一帮“难兄难弟”，他们为我两肋插刀，我在江湖大哥的角色中扬扬得意。

遇到他，我才发现，那个自以为是、性格暴戾、满身匪气的人，虚度了生命。生命不应该沉沦与堕落，应该像他那样精彩与绽放；生命不应该挥霍与浪费，应该像他那样辉煌而有意义。

我用最真挚的心接受智者的抚慰，忏悔那些被我浪费的岁月，找回深埋内心的勇气与信心，发誓跟随他在教育培训界创造辉煌。

“行动是获得真知与智慧的开始”。我开始用行动武装自己，面对杭州贴沙河练习演讲 128 天，随后驾车 2100 公里远赴成都进行 101 场免费演讲，我用虔诚的心日日精进。而后，我拜他为师，把生命交给巨海这家拥有伟大使命感的企业，这是我此生最洒脱的决定，亦是我人生最智慧的抉择。

当我从他手中接过“打造商界特种部队”这堂中国团队建设首选课程时，我更加确定自己的使命：用实战、实用、实效的课程去帮助、影响和成就更多人，为中国的企业奉献一份光和热，为中国的经济腾飞增砖添瓦。站在讲台上，我用自身的经历激励他人，讲解团队管理及团队建设的真知灼见，看着学员们在课堂上蜕变和绽放，我的内心充满喜悦。

“人生的意义在于帮助”。我终于明白了生命的真谛，明白了恩师的伟大，这是精神的升华与喜悦，是大爱的传播与弘扬。我将用毕生的精力协助他捐建 101 所巨海希望小学，为山区的孩子带去温暖与希望。跟随他的过程中，我开始用慈悲心对待身边的每一人、每一事、每一物。我每天都犹如春风拂面般清爽，行走在铺满爱的道路上。我充满感恩与幸福，满心欢喜地接纳自己。

在充满感恩与爱的巨海，我把“求知求真，关爱众生”作为人生的经营哲学。在保持一颗纯粹之心的同时，我希望能够为众生奉献一份爱。

看到越来越多的人因为巨海的课程而“脱胎换骨”，因为巨海课堂上的感动与震撼而泪流满面，我双手合十，虔诚朗诵我人生的使命宣言：我秦以金看到、听到、感觉到并且深深地知道，我生命的目的就是要成为一个拥有健康、智慧、慈悲和爱的能量体，去帮助、影响和成就更多的生命，享受每一个当下，最终带着比出生时更纯洁的灵魂，离开这个世界。

在巨海，我渐渐明白生命的深层意义在于：诱惑丛生中保持真我，放平心态，心诚度日。人要有智慧，更要有慈悲。我享受在巨海奋斗的每一个当下，用心感受在巨海的每一个蜕变的瞬间。巨海是一个发自内心成就人的伟大平台，也是一个实现梦想的平台，在这个平台上，我们会找到生命的最终意义和价值。

我期待着你走进巨海，期待着你在巨海平台上发现最真、最善、最美的自己，期待着你在爱与慈悲的包围中，完成生命的华丽蜕变。我将和你一起，遇见最美好的自己！

目　录

上篇

我就是我
天高海阔
任我拼搏

第一章　少年苦与乐

第二章　为梦起舞

第六章　信任就是责任

第七章　入巨海，得宝珠

我就是我

天高海阔任我拼搏

第一章

少年苦与乐

“经历”是一笔丰厚的财富，人生只有在经历中，才会变得成熟，每一种经历，都将成为生命中的点缀。我出生在农村，有着与生俱来的贫穷，但也有着童年与少年的欢乐。我在贫困与欢乐中，感受农村的气息，调皮捣蛋地度过每一天。虽然年少的我是老师眼中的坏学生，父母眼中的坏孩子，但是，我仍旧继承了来自父母的朴实、善良和勤劳，同时，我也感受着父母对我的爱。少年的苦与乐就像是放了糖的汤药，苦中渗透着甜，甜中夹杂着苦，正因如此，才更让我难以忘却。

贫瘠土壤里的感恩之花

滚滚长江，千里激荡，万里奔流，过巴蜀山川，穿荆楚大地，当这股浩荡激流经九江进入安徽境内，到达天门山时，水势减缓，由于山势阻隔突然折向北端回旋澎湃，形成一幅龟蛇锁大江的壮丽景象。公元 725 年，大诗人李白乘舟过天门山，见此壮丽山河，不禁怦然心动，随即，一首《望天门山》脱口而出："天门中断楚江开，碧水东流至此回。两岸青山相对出，孤帆一片日边来。"

一千多年过去了，沧海桑田，几经变迁，天门山所在地区已归属今日安徽省芜湖市。

我就出生在这片有着"长江巨埠，皖之中坚"美誉的大地上。乡土与我连着血脉，无论在哪里生存，我的心永远深埋在这片土地中，浓浓深情，乡土之恋，根深蒂固。

1976 年 7 月 14 日，我出生在一个贫困的家庭。我的父母都是地地道道的农民，依照老辈人的话，他们是"土"命，一辈子与土地打交道，过着极其贫困的生活。在我们村，我家最贫困。如果把村子里的贫困分为三个等级，那么，我家处在第三个等级上。

如果要列举出象征“贫困”的实例来，这些实例会像夜空中的星星，满布苍穹，照耀着一个孩子的童年。

小时候，每逢下雨，我家的房子都会漏水。这时，天上像出现了一个大窟窿，而我家的房顶像是筛子的底部，满是小窟窿。雨水带着欢快的“歌声”钻进我家的屋子里做客。我的父亲和母亲就把家里所有的瓶瓶罐罐、锅碗瓢盆拿出来“迎接”它们，我们一家人却没有了可以栖身的地方。

因此，从小时候起，我就特别喜欢晴朗的天气，喜欢阳光下花儿的笑脸，绿荫下声声的蝉鸣，被阳光亲吻过的被褥的芳香。

人们常说:“喜欢阳光的人，性格必定开朗。”有时，我会想:我就像贫瘠土壤中生长出的一束蔷薇花，面向阳光，顽强地绽放着。

贫困似乎带有世袭性。从1976年向前推移20年，在父亲很小的时候，他的父母，也就是我的爷爷奶奶离了婚，原因连我父亲都不知道。从此，父亲只好和他年近80岁的奶奶相依为命，在父亲10岁的时候，他的奶奶饿死了，从此，父亲便一个人孤苦伶仃地生活。

在缺吃少穿的岁月里，一个没有父母照顾的孩子，能够生存下来，不能不说是一个奇迹，奇迹的背后，痛苦的遭遇也非常人所能想象。记得父亲回忆说:“在那些岁月里，能活下来就是天大的幸事。”

贫困的背后是“饥饿”。当我问及父亲关于儿时最深刻的记忆时，他用浑浊的目光，盯着远方，凝视许久，然后从牙缝里挤出了一个字:“饿”。饥饿像细菌一样腐蚀着20世纪50年代的中国。饥饿在父亲的心里烙下印记，让他在今天丰富的物质生活中，仍旧谈及色变。

古人说:仓廪实而知礼节。一个人在连肚子都填不饱的情况下，哪里还顾得上礼节呢?在极其饥饿的状态下，父亲想到了“偷”。或许，对于只有12岁的孩子来说，在将要被饿死的情况下，“偷”根本不算是违背道德标准，而是一件再正常不过的事情。

父亲在极其饥饿的状态下，爬进了生产大队的粮仓里，看到粮仓里的稻谷，他似乎看到了一片片稻田，谷穗在秋风中摇，稻香阵阵袭来。“饥饿”让父亲顾不上多想，在稻香的诱惑下，父亲抓起稻谷，一把把塞进嘴里，然后用力地咀嚼，稻谷就在父亲的嘴里发出“嘎嘣嘎嘣”的声音，像是时代脉搏的跳动声，亦像战胜饥饿的呐喊声。

在一阵狼吞虎咽后，父亲急中生智，脱掉裤子，把裤腿打成结，迅速向裤腿里装稻谷。父亲满心欢喜，忘记周遭的一切。不知什么时候，粮仓管理员出现在父亲面前，狠狠地扇了父亲两个耳光。父亲把嘴里还没完全嚼碎的稻谷喷了出来，然后，他捂着脸，眼里噙着泪花，可怜巴巴地看着粮仓管理员。

那时父亲只是一个孩子，他不知道什么叫偷，他只知道，肚子饿了，要找食物吃，不吃会饿死。

“孩子没有错，错的是贫穷。”在一阵僵持中，仓库管理员似乎认识到了这一点，也不知哪根神经触及了他的慈悲心，他长叹了一口气，说：“你把这些稻谷拿回去吧！”我的父亲一边擦着眼泪，一边离开粮仓。回到家，父亲急急忙忙找来一块石头，他要把稻谷砸碎，把谷壳去除，可是，他实在是太饿了，没等把谷壳除去，更没等把这些米下锅，便抓起稻谷往嘴里塞。他狼吞虎咽，咀嚼着香喷喷的稻谷，像是吃到了世界上最好吃的美味。他吃得很开心，以至于谷糠沾满了嘴角。

父亲在讲这段经历的时候，我情不自禁地流下眼泪。父亲的这顿“美味”，是被打两巴掌换来的。我不能想象父亲承受两巴掌时，疼痛与饥饿的抗衡，那感觉就像是天平，一边是两巴掌的疼痛，一边是饥饿，都给父亲留下了难以磨灭的记忆。

父亲在讲他小时候的经历时，他的表情、言语和手势给我留下很深刻的印象。他的描述把我带到那个并不遥远，却与当今社会相差甚远的年代，当我沉醉在父亲的讲述中，我的内心是痛苦的，我的眼泪一次次流下来。我想象不到父亲在那个时候有多坚强才能生存下来，有多勇敢才能苟延残喘地活在这个世间。

尽管父亲的生活很卑微，但是在我很小的时候，他就给我灌输做人的道理。他常对我说：“做人要善良，正直，懂得感恩，不能做伤害别人的事情，不能欺负弱小。”父亲没有上过学，讲不出隽永的话语，这些大概是他说过的最深刻的话了。父亲希望我做一个好人，能够把这句话像“家训”一样传承下去。当时，我还很懵懂，不理解他的话，时至今日，在经历岁月的风霜洗礼之后，我才真正地理解父亲，理解这句话的深刻含义。

从小就缺乏亲人庇护的父亲，在人生的磨砺中，学会了坚强，学会了勇敢，学会了仁慈，学会了善良，更学会了感恩。

在父亲 17 岁的时候，艰难困苦的生活，让他不得不到离家十多里路的一家砖窑厂工作。父亲像一头老黄牛，弓着身子，默默无闻地在砖窑厂劳作。厚道与老实的本性使他赢得了良好的口碑，勤奋与努力使他成为人见人爱的小伙了。在又苦又累的环境中，父亲认识了他的干妈，一位朴实而又善良的农村妇女。她对待父亲就像自己的亲生儿子，在她的身上，父亲品尝到了遗失许久的母爱，享受到了拥有母爱的幸福。

在我依稀记事的时候，父亲的干妈，也就是我的干奶奶，眼睛已经瞎了。她每天坐在院子里，听着风声、水声和虫鸣声，享受着安详的时光。父亲时常去看望她，拉着她的手，走在田间的小路上，陪她聊家常，“咯咯”的笑声就从田间飘向远方。

父亲的孝心感动了我的干奶奶，也感动了村里人。村里人夸父亲孝顺，夸他的干妈有“福气”。每当这时，父亲的干妈就会心一笑。

农忙时刻，父亲经常搁置自家农活，步行十多里路，去帮他的干妈干农活。在我很小的时候，经常有这样的情况：当一家人在田里热火朝天地劳作时，我的父亲却悄无声息地“消失”

了，待夜幕降临，父亲才回到家。

父亲第一次从田间消失后，我着急地问母亲："妈，我爸去哪里了？"母亲说："他去帮你干奶奶干农活去了。"父亲再次从田间消失之后，我便不再问了。

小时候，我不知道什么叫感恩，关于父亲的说教，我似懂非懂，但是，随着年龄的增长，时间的推移，我慢慢地理解到：感恩是一种对恩惠心存感激的表示，是每一位不忘他人恩情的人萦绕心间的情感。感恩让父亲的人格变得高尚，让父亲变得更加慈爱与善良，受父亲的影响，我时常把感恩放在心里，融入生命中。

结 语

在极度的贫困中，父亲度过了他的少年、青年时期，在与饥饿抗衡中，父亲苦苦挣扎在生命的边缘，而他被打两巴掌换来粮食的故事，却深深烙在我的记忆中。每每想起，我总是泪流满面。父亲在生活的磨砺中学会了感恩，也教育我要感恩，他的感恩之心，深深地影响了我。

无忌的心演绎无忌的梦

小时候，有许多难以忘却的时光，伴随我的成长。每当心情烦乱时，再度想起，我便觉得记忆是一座宝藏，储存着我天真快乐、无忧无虑的童年与少年。

父母亲忙于农活，再加上需要照顾两个妹妹，无暇管教我。我就像是一只脱了缰绳的野马，做着所有小孩子喜欢做的事情：捉鱼虾、玩泥巴、掏鸟蛋……我快乐得像一只小鸟，在村子里窜来窜去；同时，也做着一些调皮捣蛋的坏事：偷瓜果、拔树苗、敲别人家的玻璃……

在村子里，我有自己的“江湖”，虽然没有刀光剑影，歃血为盟，但有打架斗殴，哥们儿义气。我是孩子们的“头领”，我把全村的孩子分为两派，一声令下，他们就开始“厮打”，偶尔也有皮开肉绽、鼻青脸肿的时候，却玩得不亦乐乎。

每一个孩子都有一段英雄梦。在农村出现电视之后，我看了《少林寺》，从此，便幻想着成为一个打遍天下无敌手的功夫大师。

上小学时，有一次，我带领手下的“小喽啰”教训了班里所有的男孩子。把他们带到一位剃头大叔的家里，借用剃刀，给他们全部剃了光头。我命令他们把衣服脱下来，斜披在身上，袒露一条臂膀，双手合十，像小和尚一样，见人就行礼，说“阿弥陀佛”。

剃完头之后，我风风光光地带领他们回学校。因为耽误了时间，我们上课迟到了。老师让我们站在讲台前，成一字排列，光光的小脑袋，整整齐齐地排列着，像一个个闪亮的小灯泡。

老师拿起教鞭开始敲每个人的脑袋。“咚咚咚……”如同敲木鱼的声音。

我在回校的路上捡到一顶草帽戴在头上。老师准备拿掉我的帽子，敲我脑袋的时候，我却死死地拉着帽檐说：“老师，下次，我再也不迟到了，你饶了我吧！”老师生气地瞪我一眼，然后放下了手中的教鞭。

我因为戴一顶帽子免于老师的责罚而心中窃喜，也因为其他同学受到老师的惩罚而幸灾乐祸。

许多年过去了，当我再次想起这件事，都会感到无比欢乐。虽然那时家里穷，我不能像现在的孩子，可以吃各种零食，可以看喜欢的动画，可以买心爱的玩具，但是，在充满乐趣的农村，在属于自己的小天地里做一个“孩子王”，也是一件非常快乐的事情。

贫困并没有随着儿时的快乐时光被淹没在记忆中，它是一种无法抹去的记忆。在某种意义上，它暗示着一个时代，同时，又牵动亲情之间伟大的爱。

记得上小学四年级时，我的母亲跟随打工潮一起外出务工，父亲操持家务，我的家庭度过了最苦的一段时光。在那段时光里，别的家庭可以吃到咸菜、豆角、青菜，有时会有肉，而我家只能吃到豆角，甚至有时只吃白米饭。父亲炒一些豆角，给我和妹妹吃，自己却倒一碗开水，放一些盐和葱花，然后搭配白米饭一起吃。时至今日，我还记着父亲吃白米饭的情景，每每想起，我的内心就会隐隐作痛。

在回忆父爱时，我的脑中一片迷茫，我不知道怎样去描述。父亲没有上过学，没有给我讲过深刻的道理，也没有像其他父亲一样把儿子抱在怀里百般亲昵。可是，他佝偻着身躯，端着白米饭，蹲在角落里的姿势却时时刻刻出现在我的脑海里，我把这些称之为父爱，凝重的父爱。

也因为这样的情景一直存在我的记忆里，使我在成长的道路上，倍加珍惜每一粒粮食。

我自小就有着一股正义感，捍卫尊严，维护自身利益。但是，这股正义感首先表现在反抗强势上。

我家所在的村子叫天井村，坐落在一个名叫天井坝的大坝中心。每逢洪涝灾害，村子就会被水淹。村里的孩子去上学，要摆渡到坝的对岸，到达学校需要两个小时。每次去上学，摆渡到对岸之后，在离学校不远的地方，就会有几个邻村年长的地痞流氓等着我和村里的几个孩子，看到我们走过来，就动手抢我们带的午餐。我仅有的一点儿豆角经常被他们抢去倒掉，到了学校，我只好吃白米饭。有时，看到其他同学的碗里有菜，我便凑过去跟他们要一些，就着白米饭狼吞虎咽地吃起来。

地痞流氓的行径让我忍无可忍，有一天，我故意带着一把菜刀上学，当那些地痞流氓开始抢我们的午餐的时候，我抽出菜刀一阵乱舞，然后指着其中一个地痞小头目说："从今天起，你们再抢我们的饭菜，我就劈死你。"他也许是被我勇敢的举动所震慑，也许是畏惧我的胆识，从此，便再也没有抢劫过我们。

因为贪玩，我的学习成绩不好，加上家庭贫困，在小学四五年级的时候，我就不想读书了，后来勉强读到初中二年级。有一天，我对父亲说我不想读书了。父亲怔怔地看着我，好长时间没有说话。我大声说："家里根本没有钱供我读书。"父亲仍旧沉默。我理解父亲的沉默，自从我决定不上学之后，他的内心一直在犹豫。

父亲终于开口，他用近乎批评的口吻说："不上学，你能干什么呢？不上学，你能有出息吗？"

我说："不管你说什么，我都不上了。"

父亲见我态度强硬，再也没有说什么了。

在小学四五年级的时候，我不想上学，是因为上学让我失去了玩的机会。而当我上了初中之后，再次不想上学，却是考虑到家里贫困。虽然母亲在上海打工，每个月给家里寄 150 块钱，但是这些钱，除去买生活用品和农作物种子、化肥、农药等之外，已经所剩无几了。

父亲和母亲商量之后，答应了我的“请求”，我的身份立刻就从一个“小文化人”变成了“小农民”。不上学之后，我心里卸下一个大包袱，整个人轻松多了。我再也不用天天担心迟到，担心不会背书被老师惩罚，担心怎么也做不完的堆积如山的作业。我的父母也放下了一个大包袱，他们再也不用为我的学费操心费神，他们再也不会在家长会上丢脸。

少年是充满欢乐的年代，特别是生长在农村这片肥沃的土地上，所有的花草虫鱼都会成为少年时代的玩伴。不上学之后，我并没有丢弃顽劣的秉性。我依然是村里的“孩子王”，带领着孩子们打架、抓鱼、掏鸟窝……玩得不亦乐乎。

农忙的时候，父亲揪着我的后脑勺，把我拉到田里，让我干农活。太阳火辣辣地照着万物，我就站在太阳下，黝黑的肌肤,在太阳下散发出耀眼的光泽。父亲弓着腰,像一台“插秧机”远远把我抛在身后。而我不时直起身来，遐想着和玩伴一起捉鱼的美好，跳在河沟里洗澡的欢乐。

“想什么呢？快点！”父亲看到我在发呆，呵斥道。我学着父亲的姿势,弯下腰。可是,我的骨头里像是钻进去千万只虫子，不断地吞噬着我的骨髓，疼痛感阵阵袭来。

于是，我放下手中的禾苗，无精打采地来到田埂上，在火辣的阳光下，我躺下来，很快，便陷入梦乡。梦中，我奔跑在一片空旷的田野上，田野里有鲜艳的花朵，有奔跑的牛羊，我在羊群中穿来穿去，追逐着一只野兔。

突然，我的头顶一阵疼痛。我急忙睁开眼。父亲拿着一根棍子站在我身边。我迷迷糊糊地看着阳光下无比高大的父亲，急忙站了起来。

“插秧去！”父亲呵斥道。

我怒气冲冲地说：“不插了，累死了！”我态度不好，言语粗鲁，父亲拿起棍子开始打我，我躲开父亲挥来的棍子。父亲没有打到我，就试图先抓到我，然后再打。我的身上满是汗水，像是涂了油一样滑。父亲抓住我的手臂，我稍微一动，他的手就滑落下来，我立刻逃脱了。

我光着的脚板感受着大地的凸凹不平，不停地在田间奔跑，我的父亲喘着粗气，像一头衰老的牛不停地追逐。太阳像是一个旁观者，紧紧跟随着我和父亲。

“你给我站住！快给我站住……”父亲在我的身后大声叫喊。我在距离我家田地不远处的一方池塘边停下来。池塘是在一处陡坡下面。我跑到陡坡上，毫不犹豫地跳进池塘里。我一边在池塘里游，一边用挑衅的目光看着父亲。我像是一个胜利者，向父亲挥手，向池塘中心游去。父亲呆呆地站立在陡坡上，好一会儿，当我再次回头望去的时候，父亲已经离开了。

多年后，当我再次回想起父亲在田间干农活的情景，我越发感到父亲的辛苦。他每天凌晨起床，吃过早饭之后，带一碗炒米饭到田里插秧，劳动到中午，把炒米饭用开水泡一泡作为午饭，吃完之后，便继续插秧，直到夜里很晚才回到家。父亲回到家后，要做饭给我和妹妹吃，还要喂猪、喂鸡、洗衣等。

那时，我总是以为父亲的腰是用藤条做的，可以长时间随意弯曲，不会疼痛。我总是认为父亲是超人，无论多重的农活都不会劳累。我并不知道，在父亲的人生中，有一种高尚而伟大的品质，有一种不畏艰难困苦的性格，那便是“隐忍”。“隐忍”生活中的压力与负荷，让父亲变得更加顽强与淡然。

结 语

儿时的故事，像夜空中的星星，闪烁在我的记忆中，伴随着成长的印记，点缀我的人生。我时常想起那个调皮捣蛋、劣迹斑斑的孩子。岁月是一面镜子，映照出某个阶段的生活本质，当我观看这面镜子的时候，我更加感恩父亲在我生命中的无私付出。

磨砺才知辛苦，体验方知选择

辍学之后，我本以为可以享受自由自在的快乐时光，却没有想到，在父亲的要求下，我必须干农活，而我又是极怕吃苦受累的一个孩子。

我绞尽脑汁思考着如何逃避辛苦的劳作。我小小的脑袋中，坚定无比地认为，只有自力更生，只有创造出让父亲惊喜的价值，他才不会逼着我去干农活。

我开始谋划一个项目，这个项目可以看作是一个孩子创业的大胆尝试。这一天，我对父亲说："给我划出一片地。"

父亲吃惊地看着我说："你要一块地做什么？"

我说："你只管给我一块地，其他的不要管。"

农村的土地除了种植作物，其他还有什么用处呢！也许是父亲看出我不会做出什么过分的举动，就给我划出了一小块地。

我对父亲说："这块地，你不要种水稻。"

父亲显得更加诧异，说："不种水稻种什么？"

我说："我要在里面种荸荠。"

荸荠是一种食物，又是一种药材，味甜多汁，清脆可口，有"地下雪梨"之美誉，北方人称之为"江南人参"。当时，荸荠在我们村是一种很普遍的种植作物，不仅可以食用，还可以卖出高价钱。

父亲觉得，只要我能干点正事，不和一群狐朋狗友闹事，就已经让他心安了。确定我没有胡来后，父亲便默许我在那一小块地里种植荸荠。

种植荸荠需要肥沃的土地，还需要大量的肥料改善土壤。我对父亲说："给我一些钱，我要去买粪篮。"父亲惊奇地望着我说："你要粪篮做什么？"我说："拾粪，施到荸荠地里。"

父亲没有说什么，掏出钱给我。我买了粪篮，在村子里非常勤劳地拾粪。有时，我跟在牛、猪的屁股后面，等着它们把粪"生产"出来，我立刻拾到篮子里。

我看着荸荠从土地里冒出苗来，绿茵茵的，一天天长大，内心有说不出的喜悦。我想象着荸荠成熟后的景象，想象着收获满满的喜悦，我的内心像是灌了蜜一样甜。

等到收获之后，我家的餐桌上就可以多出一盘菜，我就可以挑着荸荠到集市去卖，然后用赚到的钱去买一些好吃的，再给父亲和母亲买一身衣服。坐在院子里，我越想越高兴，我对荸荠充满希望，对我的未来也充满希望。阵阵凉风吹过，我感到无比惬意。

我白天去拾粪，晚上和玩伴去捉黄鳝。我把捉来的黄鳝卖掉，得到一些钱，一部分钱交给父亲，另一部分，留着自己用。

小时候，总有些让人啼笑不已的故事，在成长的道路上作为谈资，让人津津乐道。有一天，像往常一样，我用缝衣针做成黄鳝钩，把蚯蚓穿在黄鳝钩上做诱饵，下午五六点的时候，我和玩伴一起把多个黄鳝钩放在秧田旁的水沟里。到晚上十一点，我翻来覆去睡不着。我想象钓到黄鳝后的喜悦，想象荸荠丰收后的快乐，直到全身热血沸腾。阵阵激动过后，我跳下床，急忙来到玩伴家，对他说："我们去看看今晚的收获如何？"玩伴揉了揉惺忪的眼睛，显得犹豫不决："天太晚了，我怕黑。"

"有我呢！你怕什么？"我拍着胸口说。

"好，那我们去看看。"玩伴犹豫了一阵子说。

我们一起拿着手电筒和铁锹向秧田走去。伸手不见五指的夜晚，让人辨不出东西南北。玩伴是天生的近视眼，他紧跟着我，弓着腰，眼睛几乎贴到地面。我拿着手电筒照亮前行的路，他跟在我身后，拉着我的衣服，小心翼翼地向前走。来到水沟旁，我仔细查看，发现他的黄鳝钩在水里摆动，一条赤链蛇在黄鳝钩周围翻来滚去。

我故作镇定地说："快去看看，快去看看，你钓到黄鳝了，很大的一条。"玩伴非常高兴地跳进河里，用力抓住这条蛇，回到岸上，急急忙忙对我说："快，用手电帮我照一照，我看一下。我感觉这条黄鳝凉冰冰的，好像有鳞片。"

我用手电筒帮他照明，他把这条蛇凑到眼前看了看，蛇头正在高高翘起，蛇吐着信子看着他。"妈呀！"他一声大叫，立刻把蛇丢进河里。

这件事过后，他再也不和我一起捉黄鳝了。多年之后，我回到家乡，见到这位玩伴，和他聊起这件事，在欢声笑语中，他还说我小时太调皮了，太坏了。

正因为小时候有这样的快乐往事，才构成了贫困岁月中的美好。一个人经历过的快乐不会随时间的消逝被忘却，而是在慢慢积淀后，凝聚成一本叫作“岁月”的书，在书中留下一纸挥之不去的墨香。每当我翻看这本书时，不仅会为记忆中的故事而触动，还会因能从原本残缺的岁月片段中感受到一番新的滋味而惊喜。

我一心系在荸荠上，像妈妈照顾孩子一样照顾着它们，希望有一天，荸荠能够“长大成才”。我一直坚持：只要不失去希望，就一定会梦想成真。可是，现实却非常残酷，荸荠在我的焦急期盼中成熟，却被人偷去一部分，我挖出了剩下的一部分，才发现，荸荠不但果实小，而且数量也很少。

我本幻想着丰收的景象，幻想着收获满满几箩筐荸荠的幸福。但是，现实给了我极大打击，失望的痛楚立刻暴风骤雨般席卷我，我无精打采地把荸荠挑回家。父亲看到那么好的一块地，竟然收获了不满一小竹筐的荸荠，勃然大怒，骂道：“你看你把那块地搞成什么样了，你种出来什么了吗？瞎折腾！”

我分析了这次种植失败的原因，大概是因为我没有种植技术，并且总是认为农作物施肥越多，长势越好。所以，我非常辛勤地在村子里拾粪，几乎把全村的粪都拾了去。要是村里评奖的话，村长肯定会给我颁发一个“乡村卫生贡献奖”。

种植荸荠的失败，让我认识到：在人生的道路上，勤奋、执着于某一件事，并不一定能够获得成功，方法和方向必须正确。

农忙季节很快过去，孩子们开始上学，青年人也要外出务工了。而我在村里变成了一个游手好闲的人。我已经 13 岁了，心智慢慢成熟。我突然就有一种想为家庭分担责任的迫切心愿。我开始羡慕外面的世界，希望能够和村里的青壮劳动力一起出外务工。而且，每次看到村里务工人员风风光光带着礼物回家的时候，我都非常羡慕。

一种迫切走出村子的渴望包围着我，我不止一次地对父亲说我想出去务工，父亲总用“你太小，能做什么”此类的话来搪塞我。

村子里的泥瓦匠准备着到外面务工，我急急忙忙找到他们说：“你们带我出去吧！我可以做小工。”做泥瓦工的叔叔说：“回去和你爸商量一下，你爸同意了，我们才能带你出去。”

我对父亲说我要出去做泥瓦工，父亲非常冷静，他长长叹了一口气说：“出去锻炼锻炼也好，总比在家里游手好闲无事生非的好。”

就这样，我和同村的叔叔们一起来到芜湖的一个小县城，在这里，我做起了泥瓦工。七八月份，天气非常热，我却以一个生活在社会底层的小农民工的身份，在工地上搬砖、和水泥。我裸露着脊背，晒得黝黑的肌肤顶着火辣辣的太阳，汗水一滴滴流下来，落在砖头上，四散开来，像是一朵瞬间绽放而又迅速凋零的花。

在一群脏兮兮的泥瓦工中，我瘦小的身影不停地忙碌。我的手磨出水泡，我的肩膀总是在不经意间擦破皮，流出血来，汗水流到伤口上，有一种钻心的疼痛。一天的劳作结束，疲倦像无数只虫子一样从脚底板钻到肉皮里、骨髓里，刹那间，我的肢体，我的骨骼，都变得软绵绵、轻飘飘的。

在家的时候，我总以为外面的世界很精彩，真正来到外面，才发现，更多的是无奈。工地上的生活就像一块大石头，每时每刻都压得我喘不过气。可是，我必须坚持着过完每一天，因为只有这样，才能生存下去。

在工地上坚持了三个月，我变得又黑又瘦，却没有存到钱。在这座小县城，我学会了打牌，学会了抽烟，我挥霍掉了挣来的所有钱。

结 语

小时候的我，总在不安分中成长，做自认为正确的事情。从种植荸荠失败，到走出家乡到小县城做泥瓦工，我体验到了现实的残酷和生活的艰辛。而这些体验却成为我人生的一笔财富。我珍惜生活中的每一次磨炼。因为它强大了我的心智，让我在今后的人生道路上，在最艰难的情况下，依然绽放出最美的生命之花。

泥瓦工返校记，初中生变小学生

又脏又累的工作，让我再也无法坚持下去。我原以为上学是一件非常辛苦的事情，没想到比之辛苦百倍的是做泥瓦工。我窝在工地里，不知道什么时候才能像城里人那样，穿着帅气地走过大街小巷，悠闲自得地去购物消费。

我不想受苦，也不想一辈子待在农村，我想出人头地，作为农村的孩子，似乎出人头地的唯一方法是用功读书。华人首富李嘉诚也曾说："知识改变命运"。

我突然间非常向往学校的生活，虽然有时违反校规校纪，被老师处罚，虽然有时没有完成作业，被老师批评，但是，学校的生活比做泥瓦工要幸福百倍，至少没有风吹日晒，没有流血流汗。

我对父亲说，我不想干了，太累了，我想上学。父亲听我说要上学，一阵惊讶。父亲或许不理解我为什么要上学，但是，我理解自己。在农村务农，我体验到了做农活的辛苦，来到城市里做泥瓦工，我又体验到了做泥瓦工的辛苦。通过切身体验，我觉得，农民一辈子都在辛苦地劳碌，辛苦地过活。我也突然觉得，上学才是走出农村的唯一途径，也是改变命运的唯一方法。

我说：“爸，我要读书。”

父亲看了看我，严肃地说：“读什么书，在家里好好干农活，能够养活自己就行了。”

我说：“不行，我要读书。”

我态度强硬，不容反对。父亲看了看我又黑又瘦的面孔，猜测到我在工地上一定受了许多苦。

“这件事，我要和你妈商量商量。”父亲温和地说。

父亲给在上海打工的母亲发了电报，母亲在电报里对我说：“读书可以，但是要去江苏读。我托人带给你一些钱，你一个人去江苏。”

我的外公和外婆是江苏人，母亲想让我去投奔他们。我说：“好，我去江苏读书。”母亲托人带给我一百多块钱，从来没有一个人出过家门的我拿着这些钱从老家出发去江苏。

即将离开生活了13年的家乡，到一个陌生的地方，开始全新的生活，突然间，我有些不舍，树上蝉鸣依旧，小鸟依然叽叽喳喳地叫，河水依然清澈见底，鱼儿正欢快地游着，而我即将别离，道一声再见，我的家乡，道一声再见，陪我一起欢快的鱼儿、鸟儿……

从家出发到江苏要坐船渡过天井坝，然后坐汽车到芜湖，从芜湖坐火车到南京，再坐汽车到县城。我到达南京之后，已是晚上，到县城的汽车已经停运，要等到第二天早上8点才能开运。我像一个流浪儿，漫无目的地在汽车站附近转悠，街上人来人往，却不知道要到哪里度过漫长的一夜。我走到一家小旅馆门口，本想住宿，却又犹豫了，摸了摸保存完好的100块钱，便觉得小旅馆不安全，于是就放弃了住旅馆。

不知不觉走到距离汽车站不远处的一个桥洞里，我把身上的包袱垫在头下，躺了下来。

我蜷曲着身体，像一只被遗弃的猫，躺在桥洞下，很快进入了梦乡。风阵阵袭来，丝丝寒意传遍我的全身，我裹紧衣服，双手抱着肩膀，继续做着悠长的梦。不远处传来的汽车轰鸣声，时不时扰乱我的美梦。

这是13年来，我体验到的最美妙的夜晚，阔别了家乡，在一处桥洞下，以一个流浪儿的身份。多年之后，当我以一名讲师的身份站在讲台上的时候，我说："人生就要体验变换不同的角色。体验到的才是最真实的。"

美好的夜晚在断断续续的梦境中结束，当城市的天空微微泛起鱼白时，我缓缓睁开眼，看到我的包袱敞开着，衣服被凌乱地扔在地上。我想一定是小偷趁我熟睡的时候，光顾了我。我急忙把手伸进衣服内侧，摸一摸衣服内侧缝制的口袋，口袋里的钱还在。我悬挂在嗓子眼里的心放了下来。我的家乡一直流传着一句谚语：前世不修，生在徽州，十三四岁，往外一丢。这句话成了我的真实写照。

在家乡人看来，十三四岁，已经具备了在社会上生存的能力，在没钱上学的情况下，是时候该出去闯一闯了。所以，家乡的许多孩子在十三四岁的时候，为减轻家庭负担，不得不出外谋生。

我终于到达外公家。第二天，舅舅就急忙带我来到县城里的中学，老师看到我之后，询问了一些情况，然后问了一些中学的基本知识，我一个问题都答不上来。老师对舅舅说：“你外甥的基础知识很差，他跟不上我们这里的学习进度，还是到其他学校去上吧！”

我就这样被县中学拒之门外了，我有些失望，我的舅舅也有些失望。他安慰我：“县里有几所中学，这所不收，我们就去另一所看看。”

最终，舅舅带着我寻遍了县城的所有中学，竟然没有一个学校肯收留我。

他们拒绝的理由基本相同，一致认为我的基础差，跟不上他们的学习进度，说我这样的差生只会拖班级后腿。

我对舅舅说我一定要去上学。舅舅犯起难来，他皱起眉头，想了一阵子，拍着脑门说：“中学上不了，我们就去上小学。”舅舅和小学的领导关系好，于是，我很顺利地上了小学。没想到，我一个初中二年级的辍学学生，重新返回学校之后，只能从小学六年级开始学习。这一年，我已经 14 岁了，一个 14 岁的少年，按照正常的受教育进度，应该上初中二年级或者三年级，而我却成了小学里的大龄生。

我对自己说要好好学习，不能辜负难得的就学机会，在学校要听老师的话，不能和同学打架。没想到，在入学第一天，有一个同学跟我说话，我因为听不懂江苏话，没有理他。下课后，他带领几个小混混就把我堵在学校一个角落里，非常恼怒地对我说："跟你说话为什么不理，你牛什么牛，个子高，你就牛了吗？"他拉着我的衣领想要教训我。就这样我们打了起来，他的门牙被我打掉了一颗。

校长把我叫到办公室，把舅舅"请"到学校，批评了我，校长对着我和舅舅一顿骂。我舅舅疼爱我，面对校长的臭骂，他低头哈腰不断给校长说好话。我就站在他身边，他却一句责备我的话都没有说。在舅舅的不断求情下，我写了一份保证书，保证以后遵守校规，校长才允许我继续上课。

在班级里，我因为个子高，年龄长，很快成了"孩子王"。我并没有像在农村那样，带领一群孩子做调皮捣蛋的事情，而是带领着他们一起学习。

重新回到学校学习，我发生了重大的改变，我开始喜欢上学习，开始发奋读书，我的成绩不断提高，我的父母、舅舅和老师为此都非常高兴。

奋斗了一年后，在小学升初中的考试中，我考取了年级前三甲的好成绩，顺利地进入初中。坐在崭新的教室里，面对着一群陌生的面孔，我充满着新鲜感，在新的学校里我将继续中学生涯的学习历程。

三年的初中生活，弹指间走过。中考，我考取学校前十几名的成绩。我给母亲打电话说中考已经结束，考得还不错，一定能考上普通高中。

母亲很高兴地对我说："为了奖励你，我给你寄一些钱，你买身衣服，到上海玩几天。"

要到上海玩，我非常高兴。上海对于我来说，是一个梦想的天堂，我想象着上海的高楼大厦有多少层，路面有多宽，每天又有多少豪车穿梭在大街小巷，上海的白天有多么繁华，夜晚又是多么的明亮。在我的脑海中，上海就像是一个遮着面纱的女子，我只能想象她的妖娆，却没有看到她的艳丽。

在收到母亲寄来的钱后，我买了一身衣服和一双运动鞋。1994 年 6 月 30 日，我登上了去往上海的大巴。

大巴在高速路上飞驰，路两边群山环绕，在清晨的氤氲中，我的心中充满好奇。

十几个小时之后，在第二天早上 5 点，我到达上海车站。下车后，一辆三轮车立刻停在我的面前。"小伙子，要坐三轮车吗？"司机热情地问。

我说："我要找 66 路公交站牌。"

三轮车司机微笑着说："66 路公交站离这里很近，我带你去吧。"

我急忙问："多少钱？"

司机爽快地回答："5 块钱。"

我掏出 5 块钱给司机师傅，司机急忙帮我把包放到车上，催促我赶快上车。刚坐上车，就看到一个人凶神恶煞地看着我，然后抽出一把刀放在我的腰间说:“别动，再动，命都没了。”

我结结巴巴地说:“你……你要做什么?”

“不用害怕，不要命，要钱，把钱掏出来。”他用刀子顶了顶我的腰，示意我赶快掏出钱。看到我迟疑不决，他露出狰狞的面孔大声吼道:“快点!”

我说:“包就在车上，钱在包里，你自己找吧!”司机开始翻我的包，那个人继续用刀顶着我的腰。

我仅有的 100 块钱都被他们抢走。看着他们把钱放进腰包内，我说:“你们能不能给我 5 块钱?我要坐车。我没有钱，不知道怎么办。”

三轮车司机看了看我可怜巴巴的样子，迟疑了一下，从口袋中掏出 5 块钱扔给我。

他们把我从三轮车上赶下来，把我的包和衣服从三轮车里扔下来，对我喊了一声“滚”，然后开着三轮车离去。我捡起衣服装进包里。

我开始小心翼翼、漫无目的地走。三轮车一辆紧接一辆停在我的面前，司机们热情询问我到哪里，要不要坐三轮车。我摇摇头，再也不敢坐了。夜晚的城市，灯红酒绿，我却不知道 66 路公交站牌在哪里。

几分钟后，一辆三轮车停在我面前，司机问我:“小伙子，刚才，你是不是被打劫了?”他面相善良，言语温和，我猜测他一定不是坏人，便说:“是的。”

他接着说:“你被劫了多少钱?”

我说："没多少钱。"

"没多少钱就算了。"他和蔼可亲地说，"在外面不容易，不是什么大事，就让它过去吧！你要去哪里？"

我说："我要去城隍庙。"

"蛮远的。"他说。

"66 路公交站能到吗？"我问。

"66 路公交站就在前面，我开车把你送过去。你给我 5 块钱吧。"

"我只有 5 块钱，给你之后，我就没钱坐公交车了，你可不可以给我 5 毛钱，让我坐公交车？"我说。

"出门在外都不容易，小伙子，你上车吧！"他感慨道。

三轮车司机把我带到了 66 路公交站牌，我给他 5 块钱，他给我 5 毛钱。我坐上 66 路公交车，到达城隍庙已经是早上 6 点多了。

我的母亲早已在公交车站牌旁等我，看到我的那一刻，她紧皱的眉头慢慢舒展，露出笑容。见到了很久不见的母亲，我异常高兴。母亲帮我拿起行李的一瞬间，我看到了她布满老茧的手，我的心一颤，眼泪夺眶而出。

我想象着母亲的孱弱如何才能适应这个城市的日益强大，想象着母亲的脚步如何才能跟得上这个城市发展的节奏。

结 语

“经历过才明白，体验过才真实”。当身处工地，极其劳累与辛苦的时候，我开始畏惧未来，思考人生，我厌倦了贫穷，也厌倦了劳累，我渴望改变命运。对于农村出生的我来说，似乎改变命运的唯一途径就是好好学习。于是，我决定重返学校。多年后，我明白了一个深刻的道理：当一个人渴望改变的时候，无论路途多遥远，过程多困难，都阻挡不了他改变的决心。

扼杀梦想的“牢笼”，直播学徒的苦闷生活

母亲带我来到她打工的餐馆。餐馆不大，只有六张桌子。母亲就在这家小餐馆里辛苦地工作，每天早上从 8 点开始上班，洗菜、擦桌子、洗碗，到第二天凌晨 3 点才能入睡，每个月能挣 150 块钱。

凌晨 3 点下班之后，母亲就来到公交站接我。回到母亲打工的小餐馆，看到她通红的眼睛，我的心中有说不出的滋味。我说：“妈，你睡一会儿吧！”母亲却说：“你先睡一会儿吧！你也累了。”

“睡到哪里？”我环视了整个小餐馆说道。

母亲拉过两张桌子，拼起来之后，又跑到阁楼上，拿下来一张凉席，铺在上面，对我说：“睡吧！”

我说：“妈，我还不困，你睡吧！”母亲慈祥地说：“傻孩子，咋能不困呢？躺下睡一会儿吧！”母亲拉着我的手，我推却说：“妈，你就睡吧！你一夜没睡觉，过一会儿还要上班呢！”

母亲看到我非常执拗，说:“好吧，我先去睡，你坐下来歇息一会儿。”母亲躺在简陋的“床”上,不一会儿就进入了梦乡。听着母亲的鼾声，突然间，有一种难言的悲伤涌上心头。带着这种悲伤，我走出小餐馆，来到街道上，在热闹非凡的街道上漫无目的地走。

没有来上海之前，我不知道母亲的工作环境，体会不到母亲的辛苦，当我看到母亲把拼起的桌子作为床的那一刻，无比的心疼。回想收到母亲寄给我的钱的时候，我是多么高兴，我总以为母亲是家里最有钱的一个人，可是，我并不知道，母亲也是家中最苦、最累的人。母亲挣的是辛苦钱，大部分给我用作学费。而我却心安理得地坐在宽广明亮的教室里读书学习。我是多么的不孝呀！

我的内心充满自责，我不能让母亲这么辛苦，我要让母亲过上好日子，我要分担母亲身上的重担。我已经 18 岁了，对于一个 18 岁的小伙子来说，应该扛起家庭责任的重负，应该尽到孝敬父母的义务。

9 点多的时候，我回到了餐馆。母亲已经开始了一天的工作：洗碗、洗菜、打扫卫生。我站在母亲身后，她消瘦的背影深深地刻在了我的心中，难以忘怀。我终于鼓起来勇气喊了一声:“妈”。母亲回过头,看着我说：“早饭吃过了吗？”我说:“吃过了。”我骗了母亲，她并不知道我被抢劫的事情，不知道我身上一分钱都没有。

我继续鼓起勇气说:“妈,我决定不读书了,我要留在上海。”

母亲愣住了，过了好长时间，她说：“你不读书要干吗，你想跟你妈一样吗？”说完，母亲流下泪水。看到母亲流泪，我也流泪了，“妈，你每个月才那么一点工资，怎么能供得起我读书呢？”说完，我转过身，擦去眼泪。“你不读书，将来会有什么出息呢！”母亲伤心地说。

我陷入矛盾中：是呀，不读书，我要干什么呢？不读书，我又怎能有出头之日呢？

奥普拉说：一个人可以非常清贫、困顿、低微，但是不可以没有梦想。只要梦想一天，只要梦想存在一天，就可以改变自己的处境。梦想不分身份，不分学历，只要有梦，人生就会飞翔，只要有梦，生命就会绽放，读书与不读书，又怎能阻挡我奔跑的脚步呢？在大上海，只要努力奋斗，还怕没有一片立足之地吗？

于是，我对母亲说：“妈，我已经18岁了，我要在上海努力奋斗，有一天，我会在上海买一套房子，让你过上好日子。”我憧憬着未来，母亲却非常现实地说：“我还是希望你能回去读书。”

为了解决我的住宿问题，母亲花了60块钱买了一条躺椅，这条躺椅可以自由收放，放下去是一张床，收起来是一把椅子，母亲把躺椅放在弄堂的屋檐下。晚上，我就睡在躺椅上。

我陪伴着母亲，享受着母亲的关爱与照料的同时也目睹了母亲的劳累与辛苦，我越发觉得，我应该在这座城市里寻找属于自己的天空，而不是待在农村，像父亲一样，与土地连在一起。

开学的日子临近，母亲看我没有回去读书的想法，就开始四处打听，试图为我找一份工作。弄堂里有一家图文广告公司，母亲与那里的老板娘很熟，就请求老板娘收我为学徒。老板娘人很好，爽快地答应了母亲的请求。做学徒像打杂，又像是做“佣人”，我帮老板娘照顾孩子，洗衣服，倒马桶，打扫卫生，一切又苦又累的活，我都做过。一段时间后，老板娘给我找来一辆旧自行车，让我负责送货。我骑着自行车穿梭在城市的大街小巷，看到了高楼大厦，豪车美女，我想：不久的将来，我会住在这座城市最高的楼上，开着豪车，带着漂亮的媳妇兜风。

看到老板经常骑一辆助力车，我就特别羡慕。如果能骑着老板的助力车，飞驰在大街上，也非常拉风。有一天，我对老板说：“让我骑一骑你的车，你的车跑得快，我会提前把货送完，省下的时间，我还能做其他工作。”

老板觉得我说的话有道理，就非常爽快地说：“你会骑吗？”

我说：“会。”

老板半信半疑地说：“那你骑吧！”他把车钥匙给我。

我骗了老板，我从来没有骑过助力车，我只知道它是靠烧柴油驱动的。老板把助力车借给我之后，我推到一个隐蔽的地方，发动车子，打开油门，助力车飞速向前冲去，因为动力十足，我狠狠地坐在了地上，助力车却翻滚着摔在了地上。

这件事过后，我的屁股疼了半个月，我再也不敢逞能。一个月之后，我不再送货，而是来到弄堂后面的一个小厂房内学习篆刻。

踏进小厂房的时候，一个女孩死死地盯着我，像看怪物一样，我顿时吓了一跳。我在她的身边坐下来，这是一个狭小、阴暗的房间，里面有三个座位，一张桌子，桌子上有一盏电灯泡。

我和这个女孩相处几天后，发现她的性格非常古怪，和她说话，她从不理我。她整天埋头工作，没有言语，没有欢笑，就连吃饭时，也不说一句话。我很想和她成为朋友，但是，在这个小厂房内，她像一块石头，冷冰冰的，散发出寒光，让我不寒而栗。

我每天都在无声的世界中度过，寂寞、乏味围绕着我。我感到自己像跳进黑暗中的飞蛾，虽然向往光明，却逃不出黑暗的恐惧。

没过多久，老板又招来一个女孩子，我非常高兴，以为终于可以交到一个朋友。让我没有想到的是，这位女孩子性格更加冷漠。

枯燥像不断蔓延的藤条，把我紧紧地捆绑着，使我透不过气。我问自己："秦以金，难道你就在这里度过你的青春年华吗？难道你就在这样枯燥的环境中，埋没自己吗？在这样的环境中，你什么时候才能在上海买房呢？"

我渴望离开这里，我渴望寻找真正属于自己的世界。

一个月之后，我掌握了篆刻技术。这时，我再也不想待在这里了。我对母亲说我不想做学徒了。母亲骂了我一顿，说："好不容易请求别人收你为徒，你说不干就不干了？"我说："我要找其他工作，这份工作不是我想要的。"母亲说："你想做什么，你能做什么？”我说：“我什么都能做。”母亲非常生气地说：“我不管你了，你自己看着办吧！”随后我辞去这份做学徒的工作。

在做学徒的三个月内，我挣了500块钱。我买了一辆山地自行车，我要骑着自行车，看一看大上海，感受一下它的繁华。

我骑着自行车飞驰在上海的大街上，风在耳边呼呼吹过，我突然有一种飞翔的感觉。我充满自信地对自己说：“有一天，我一定能够飞翔在上海这座城市的上空！”

每一株小草都有钻出泥土的梦想，每一粒种子都有长成参天大树的梦想，每一只蚕蛹都有破茧成蝶的梦想，而我，在这座城市里，要像雄鹰一样展翅高飞。

结语

每个人都在成长的道路上改变着自己。当我再次选择辍学的时候，已经清楚地意识到自己是一个男子汉了，有了承担能力，也有了为家庭分担的责任。我在上海这座繁华的城市，带着梦想出发，开始寻找属于自己的天空。我想，只要坚持梦想，努力奋斗，梦想总有一天会实现。

第二章

为梦起舞

我不断追求梦想，并为之坚持不懈、努力拼搏。我要找到属于自己的位置，创造出不菲的业绩。明星梦，让我毅然决然地闯进舞蹈行业，从一个只经过 8 天舞蹈基础培训的非专业人士成为站在舞台上为明星伴舞的舞蹈艺人。我把吃苦当成一种美德，把付出当成一种习惯，通过努力，我收获了意想不到的成绩。

记得一句话："给人生一个梦，给梦一条路，给路一个方向，跌倒了要学会自己爬起来，受伤了要学会自己疗伤，生命只有走出来的精彩，没有等出来的辉煌。"我从"心"出发，带着梦想上路，坚持下去，是幸福，也是生命的绽放。

“舞”条件做免费清洁工

只要努力追寻，寻找内心的渴望，总能找到属于自己的位置。只有从心出发，在真正属于自己的位置上努力奋斗，才不会辜负韶光。

辞去工作后，我开始寻找适合自己的工作。我没有背景，没有学历，不想做泥瓦工、搬运工等纯体力工作。

看到酒吧服务员和女孩子混在一起，并且可以陪客户喝酒划拳，我便想做酒吧服务员。当招聘人员看到我身份证上的籍贯是安徽，立刻拒绝了我。我很惊讶：“为什么不录用我，我形象不差，做酒吧服务员应该没有问题。”

招聘人员说：“我们只录用上海人，其他地方的人，我们不录用。”对这种歧视外来务工人员的行径，我感到非常气愤。

在这座城市里，有多少外来务工人员被歧视？他们为这座城市奉献着热血和汗水，辛苦地建造城市，使这座城市越来越美好，却得不到城里人的尊重，这是多么让人心痛的一件事呀！

在接二连三找工作的失败中，我开始怀疑不上学的决定是否正确。我不禁问自己："不上学真的没有出路吗？真的就找不到像样的工作吗？真的只能做又苦又累的工作吗？"

我要在这座城市里飞起来，我一定能的，一定能……在失意中，我不断自我鼓励。

在找工作的这段时间内，我每天都会浏览报纸，希望在报纸上找到适合自己的工作。这天晚上，当我拿起报纸的时候，一则招聘舞蹈艺人的广告赫然出现在我的面前。

舞蹈艺人，不就是舞蹈明星吗？他们站在灯光闪烁的舞台上，舞动肢体，传达青春、时尚、魅力，获得无数人的喝彩与掌声。

假如能够在万众瞩目的舞台上，接受粉丝们的顶礼膜拜，该是多么美好的一件事呀！我痴痴地想，越想越感到心潮澎湃，内心充满激动与渴望。我急忙记下了招聘地址。

做明星的梦想开始在我的内心生根发芽。可是，我是一个来自农村的孩子，根本没有机会接触舞蹈，又怎么能做舞蹈艺人呢？

世界上有一些"狂人"，做着"狂妄"的事情，并且，在极其不可能的机会中寻找可能性。没上过舞台，没有舞蹈基础，应聘舞蹈艺人对我来说，简直是天方夜谭。为了应聘舞蹈艺人，我报了舞蹈培训班，开始了每周末的舞蹈基础训练。

经过一个月的课程学习，我兴致勃勃地去应聘舞蹈艺人。那天，参加应聘的有 80 多人。大家有秩序地排着队。轮到我的时候，工作人员叫道"下一个"，我站起来，走进屋子。

“你带音乐了吗？”一位老师说。

“音乐……没有……”我一脸迷茫。

面试老师随便放了一段音乐让我跳一段舞。我跟着音乐摆了几个舞蹈的基本姿势。面试老师笑了笑说：“你回去等通知吧！3天之内，我们会通知你。”我把母亲所在饭店的电话号码留给面试老师，并强调说：“你们一定要通知我。”回到家后，我着急地等待面试结果，3天过去了，并没有电话找我。第四天，我再也忍不住了，一大早，我去了应聘过的公司，敲开门的时候，我看到屋子里只有20多个人，3天前面试我的那位老师正在教他们舞蹈。他看到我，问道：“你来干吗？”我说：“老师，我等了3天，你怎么没给我打电话呢？”他说：“没给你打电话证明你没有被录取呀！你的舞蹈水平，连我们这里业余的舞蹈演员都不如，你还是回去吧！”

我失望地离开，走到楼下的时候，我想：当初我在上海吃了这么多苦，终于找到了自己喜欢的工作，如果错过了这次机会，岂不后悔。不行，我要再试一次。我又回返楼上，推开门后，老师正在喊拍子，“一二三四、二二三四……”，看到我推门进来，老师生气地说：“你要干吗？怎么又来了？”我说：“老师，能不能让我跟着他们一起学习，我不要工资的！”老师大声说：“不要工资也不要你！回去，回去！”我乞求道：“给我一次机会吧！老师，求求你，给我一次机会。”老师推着我说：“赶快走，不要耽误我们排练。”我再次乞求，老师已经不耐烦了，冲着我喊道：“凭什么给你机会？你给我一个理由。你再不走，我就叫保安赶你走。”

我只好转过身，走出屋子，门“哐”地一声关上了。我一边下楼，一边想着老师说的话，“凭什么给你机会？”是呀，凭什么？别人可以跳一支高难度的舞蹈，我只有 8 天的舞蹈培训，只会摆几个舞蹈姿势；别人的韧带早已被拉开，我的韧带还没有打开；别人可以把腿踢到头顶，我却踢不起来。凭什么会录用我呢？

一个人想要做一件事情的时候，总会千方百计想尽方法。难道我真的不可以从事舞蹈行业吗？不，我要为自己争取机会。

我再次返回到楼上，敲开门。老师看到我，怒火中烧，对着我大声喊：“你到底要干什么？”

我说：“老师，你不是要个理由吗？我已经想到理由了。”

老师压制着内心的怒火说：“你说，什么理由？”

我环顾整个房间，说：“老师，这间房子大概有 200 平方米吧，从今天起，你不用请阿姨打扫卫生，我每天帮你打扫。你不用给我工钱，每天中午给我一盒饭就可以了，只要你给我机会，让我和他们一起排练。”

老师的怒气渐渐平息下来，他也许被我的执着打动了，他或许知道，对付像我这样锲而不舍的人，只有一种办法，那就是答应我的请求。他无可奈何地说：“明天，你过来上班。我给你一个月的试用期，卫生搞不好，你就得给我滚蛋。”

结 语

梦想是扎根在内心的一棵树，唯有从心出发，才会枝叶葳蕤，开花结果；从心出发，再困难的事情，都会有圆满的结果；从心出发，才不会失心之所爱。在任何时候，我们都应该从心出发，做自己喜欢的事情，并为之奋斗。

痛才是青春，苦才是人生

记得在电影《少林寺》里，昙宗大和尚对觉远说："要练武，先吃苦。""武"和"舞"虽然形式不同，但是其中蕴含的道理相同。练舞的人，也应该不怕吃苦，要打开身体的每一处关节，每一条韧带，忍受锻炼带来的苦和累。在舞蹈行业，我属于半路出家的"和尚"，没有基础，只能在练习的过程中，以超人的努力弥补自身条件的不足。

每天早上，我都是第一个来到公司，打扫完卫生后，跟着学员一起排练。到中午 12 点，趁他们吃午饭的时候，我去打扫卫生，然后在他们午休的时候，我再去吃午饭，下午和他们一起排练。

排练期间，在他们休息的时候，我就叫两个学员帮我压腿，一个压我的左腿，一个压我的右腿。当我的腿离地面越近，疼痛感越强，我额头上的汗一滴滴落下来，我终于忍受不住，撕心裂肺地叫起来。他们停下来说："你这么疼，还是不要压了。"

我说："会不会压死人？"

"死人！倒是不会。"

"不会死人就继续压！"

我的韧带就是在强烈的压力作用下拉开的。直到现在，我的大腿上面还有两个凸起的疙瘩，这两个疙瘩就是因为强行拉韧带造成的。

为了练习舞蹈，为了能像明星一样站在舞台上展示自己，我付出了超出常人的努力，也忍受着别人无法忍受的痛苦。泰戈尔说："只有经过地狱般的磨炼，才能炼出创造天堂的力量；只有流过血的手指，才能弹奏出世间的绝唱。"

在记忆的长河中，练习舞蹈的经历，让我更加明白，在追求梦想的道路上，无论付出多少艰辛，无论忍受多大的苦楚，都是幸福的。

机会总是青睐肯付出的人，一个月之后，我终于迎来了属于自己的春天。一天，舞蹈老师把我叫到身边，对我说："你非常努力，就留下吧！至于是否有机会成为舞蹈演员，看你的造化了。"

我非常高兴，不停地说"谢谢您，谢谢您"，泪水却在眼眶里打转，只有我自己明白，在这一个月里我所付出的努力及我所承受的痛苦非比常人。

我努力朝着梦想迈进，付出了比常人更多的努力和艰辛，随着刻苦的锻炼，我发现，我的肢体似乎被驯服了一样，发生了巨大的变化。我可以随意拉开韧带，也可以跟着其他学员一样跳高难度的舞蹈。

3 个月之后，我们的团队只留下了 6 个人。舞蹈老师对我说：“他们 5 个人是一个组合，你跟着他们练习。除了负责打扫卫生之外，如果他们临时有事，你可以替补一下。”

我没有想到，我竟然从清洁工转变为替补艺员。我似乎感觉到舞蹈明星的梦想离我越来越近了。

舞蹈组合刚成立不久，没有名气，演出不多，老师就带着我们穿梭在灯红酒绿、纸醉金迷的大上海。上海大大小小的酒吧、KTV、夜总会，都留下了我们的身影。每一场演出需要 30 分钟，出场费只有 50 元，有时，一天要赶 8 场演出，能够挣 400 元钱。但是，我却没有工资。

在一次演出中，有一位艺员受了伤。老师在着急无奈的情况下想到了我。我终于有了出场的机会。整场舞蹈结束，效果非常好，观众并没有觉察我是一个替补艺员，也没有认为我跳得不好。最后，那位艺员因为伤势严重，迫不得已离开组合。

老师对我说：“我给你机会跟他们一起演出，但是他们的出场费是 50 元，而你只有 20 元。”

虽然我每场只有 20 元的出场费，虽然我们的名气并不大，生意也不好，我却非常高兴。从一名死缠烂打才留下来的清洁工，到一名可有可无的替补艺员，再到一名真正的舞蹈艺人，机会一次次降临到我的身上。

我感谢命运之神，面对生命如此厚重的恩赐，我会倍加珍惜与努力。冰心说：“成功的花，人们只惊羡她现时的明艳！然而当初她的芽儿，浸透了奋斗的泪泉，洒满了牺牲的血雨。”

我们的舞蹈团名叫“杰出舞蹈团”。当我真正站在舞台上的那一刻，在霓虹灯的照耀下，我感觉自己特别帅气，所有观众朝我们喝彩的时候，我又感觉自己是那样的光彩夺目。

我们每天从下午开始忙碌，直到深夜，有时候，一个晚上都在赶场子。我们自带演出服，有时候开一辆破旧的车，有时候连车都没有。我们常常累得腰酸背痛，筋疲力尽。但是，每个人都感觉特别充实。生活过得充实，我们的舞蹈慢慢被观众认可与肯定，我们的效益日益增加。

回首昔日那个落魄的年轻人站在弄堂里，用无比羡慕与崇拜的目光看着电视里的舞蹈明星，做着华丽的明星梦。而今天，他在自己的不断努力下，终于可以面对观众，展现自己，绽放自己，这是多么美好的一次转身，又是多么华丽的一次飞跃啊！

结 语

机会总是留给努力的人，当我梦想成为一名舞蹈明星的时候，我付出了常人无法想象的努力，收获了常人意想不到的结果。每一分努力，每一分收获，都让我相信：人生是一座可以采掘开拓的金矿，只要你努力去奋斗，奇迹就一定会带着丰厚的“奖品”来找你！

舞动人生，绽放生命

在舞动人生的日子里，我们在老师的带领下，奔走在上海各大演出场所，尽情展现舞姿。这位老师的名字叫金彦，是从南京军区艺术团出来的，曾在香港无线工作，是一位知名的舞蹈家。他深知舞蹈演艺圈的规则，也知道如何成功推销我们，扩大影响力。在舞蹈团名气非常小的情况下，金彦老师敏锐地觉察到要想在上海滩打响名声，必须让广大观众知道我们的实力。而要想让广大观众知道我们的实力，只能通过媒体。

于是，金彦老师关注娱乐圈里的各种消息，在其中寻找时机。一天，金彦老师突然对我们说："咱们上电视去参加比赛吧！"听到这个消息后，大家一阵惊愕。上电视？参加比赛？我们从没上过电视，这对我们来说，既是一件激动人心的事情，又是一件梦寐以求的事情。我们异口同声地说："好，我们上电视，比赛去！"

1996 年，上海电视台推出了一个草根选秀节目《五星大擂台》。在当时,《五星大擂台》是最吸引观众眼球的综艺节目,也是众多草根争相表现以便能成为明星的海选节目。

作为舞蹈演员，能够在公众演出中露脸是每个人的愿望，也是快速扩大影响力最好的方法。用金彦老师的话来是:“这年头，没上过电视，你都不好意思说自己是一个舞蹈演员。”

我们在金彦老师带领下以一匹黑马的姿态冲进《五星大擂台》，并且在每月一次的竞赛中蝉联十次冠军。获得冠军之后，我们的名气立刻大了起来。

我们开始收到来自四面八方的鲜花和掌声。青春年少、俊朗帅气的我们也因名气的增加，拥有了许多粉丝。每次登台表演之前，粉丝们就早早等待，我们下台后，粉丝们就围堵我们，索要签名。

不管是当时还是现在，我都喜欢被众多崇拜者竞相追逐的感觉。那一刻，我感觉自己就是一个大明星。站在万千观众的面前，受他们崇拜和追捧，收获鲜花和掌声。人生能有多少个时刻，可以真切地感受自己的存在？我在万千欢呼声与赞誉声中，幸福得一塌糊涂。

回想应聘舞蹈艺人的初衷，或许只是一种冥冥中的相信与等待，相信有这样的时刻，所有的努力与拼搏，都是为了等待这样的时刻的到来。

虽然从事舞蹈演艺以来，我有辛酸、痛苦、失落、悲伤，但更多的是激动、感动和快乐，而今，这些感受就像是酸、甜、苦、辣、咸五味俱全的菜肴，让人回味无穷又铭记于心。

参加《五星大擂台》比赛，除了给我们带来名气的骤升，还给我们带来了与明星合作的机会。2000年的上海北京路，电影《浪漫樱花》摄影棚，对于我来说是值得纪念的时间和地点。马楚成导演，郭富城、张柏芝主演的《浪漫樱花》在这里拍摄，这是一部以舞蹈和爱情贯穿的电影，故事的背景发生在上海。

有一天，金彦老师给我打来电话，说："明凯（我的艺名），今天你和组合中的其他人一起到北京路，我介绍一个朋友给你们认识。"我说："好的。"随即，我召集了组合中的其他4位。当我们5个人来到北京路指定的地方，金彦老师还没有赶来，于是，我们先上楼。在二楼唱片机旁边有一个人在敲架子鼓。我们径直向架子鼓走去，或许看到5个身体健壮、相貌英俊的小伙子不知出于何种目的向他走来，他望着我们，愣怔许久。我却觉得他特别面熟。这时，金彦老师也进来了，他用广东话说："城仔，我给你介绍几个朋友。"听到"城仔"我立刻就想到他就是我曾经的偶像——郭富城。我做梦都没有想到，会见到我的偶像。

"城仔，这是我在上海最好的几个学生，介绍给你们认识。"金彦老师说。

我们和郭富城聊了一会儿，然后放了一段音乐，他带领我们跳了一支舞，跳完舞之后，他特别满意，我们成了他的伴舞。

与明星合作，让我感到明星梦更近了一步。甚至，当我和明星一起同台舞蹈的时候，我感觉自己就是最耀眼的明星。这种感觉，不仅是自信，还是对自己的肯定。

时光如梭，很快到了2000年，此时，我在上海已经待了整整5年，世界也将迎来新千年。在这几年的时间里，上海发生了巨大的变化，在风生水起的黄浦江畔，一座座高楼拔地而起，我看到了中国经济的活力与变迁。而我作为这个时代的见证者，与国家同呼吸共命运，在滚滚大潮中也有了自己的一片天。回首1994年，18岁的我，还是一个单纯的少年，而如今，我已不再青春年少，风雨洗礼后的身躯已经开始变得伟岸、硬朗。

结 语

生活如同音符，当我从最低点到达最高点的时候，我品尝到无限的幸福。我从一名没有舞蹈基础的小农民到一名为明星伴舞的艺人，变化中，充满努力与奋斗。人生不就是一段充满努力与奋斗的历程吗？把握当下，好好努力，才能迎接生命的恩赐！

告别舞台，从心出发

进入娱乐圈后，因演出而四处奔波，疏忽了对父母的照顾，我感到非常内疚。有多少次，回到家，没来得及问候父母，没来得及和父母聊家常，便又收拾行李，准备下一场演出。很多时候，我因在外演出，几个月都不能回家，我的父母却在思念中度过。

时间进入新千年，我决定送给父母第一份礼物，是我当年许下的诺言—— 一套上海的房子。

我决定送给父母一套房子，不仅是兑现自己许下的诺言，更是对父母的报答，我真切地希望父母能够幸福，能够因我而荣。

当我决定在上海买一套房子时，并没有事先告诉父母，因为我想给他们一个惊喜。

6年的舞蹈生涯，让我积攒了人生的第一笔财富，我决定用这些钱孝敬父母。当房子装修好，父母走进属于我们的家时，两位老人都流泪了，我也流泪了。我曾无数次流泪，或悲愤，或伤心，或感动，或喜悦，但只有这次是悲喜交加。几年以来，父母一直游走于上海滩的大街小巷，不曾在这个繁华的都市安家，而作为儿子的我，为了这一天，让他们等得太久，太久！

我告诉父母，将来会有更大的房子给他们住，父母显然不在意这些。他们的愿望很简单，只希望一家人安安稳稳过日子。然而，作为儿子的我，却有更大的志向和梦想。

初入舞蹈行业时，我的想法是瞒着父母，当把“生米做成熟饭”后再慢慢向他们解释，让他们接受我的职业。但是，没多久他们就知道了，因为我的形象让他们无法接受。在当时，作为一个舞蹈演员，追求造型新潮是司空见惯的事情，时时显出自己“艺术”的气质，比如染成黄色的长头发，挖几个洞的牛仔裤——这样的装扮走出去，可以说立于上海滩的时尚“潮头”了。邻居们见我这副打扮，都以为我去混社会了。在当时的上海，很多社会小混混都穿着奇装异服，和我的打扮很像，稍稍老实点的孩子，不会装扮成这个样子。

看到我的改变，听着邻居们的议论，母亲不安起来，她怕我真的学坏。有一天，她拿着一把剪刀非要把我的黄头发剪掉。我无法理解母亲的心情，但是我的勤奋、上进、真诚和善良赢得了她的信任。我试着让父母理解我，接受我的改变，我试着让他们理解一个舞蹈演员因职业需求而发生的改变。我想让他们知道，他们的儿子还是一个正正当当的人。

我用努力和勤奋打动了父母，用行动告诉父母，我在追求自己喜欢的事业，并在为之奋斗。在父母的人生字典中，或许并没有“梦想”两个字，但是，他们知道，他们的儿子是一个有志气的孩子。

看到我在电视上比赛的画面，父母无比激动，他们一定不敢相信，他们的儿子竟然能够上电视。母亲自豪地说：“那么没有出息的儿子也能上电视！”

看到我的成长与进步，看到我一如既往的真诚和善良，看到我依然对生活充满虔诚，我的父母默默接受了我的职业，也理解了我。

有一天，在电视台演出结束之后，别人都去打游戏，我却留在电视台，专心致志地观看化妆师为演员化妆。我给化妆师做助理，为化妆师拎包，听他们的使唤，其实，我想跟着他们学习技术。许多化妆师比我年纪小，但是，我一改往日的自负，变得谦卑，我放下身段请他们教我。在和他们频繁的接触中，我学习了美容美发。我万万没有想到，关于美容美发的学习，让我在退出舞蹈演艺圈之后，进入了另一个行业。也正是因为我当时的用心学习，我完美地完成了职业的转换。

时间在不知不觉中流逝，转眼到了 2002 年，8 年的舞蹈生涯中，我用舞蹈诠释了美丽的青春，用肢体语言表达了对梦想的追求。我自信地度过每一天。

这一年，带领我们的金彦老师厌倦了在外漂泊的日子。他想稳定下来，于是，接受了上海师范大学的邀请，担任了学校的舞蹈老师。而我们的组合却面临着解散的危险。

舞蹈行业里的人都知道，这个行业，吃的是青春饭，行业里总是新人换旧人。正值 26 岁的我，在舞蹈界已经不再年轻，随着年龄的增长，我再也没有少年时的体力支撑着自己继续跳下去，加上我是半路出家，基本功本来就不扎实，在表演中，时常受伤。另外，2002 年，商演市场逐渐低迷，演出的机会越来越少，生意越来越惨淡。

终于，随着金彦老师的离去，舞蹈团解散了。

“自古多情伤离别”。回想昔日，金彦老师和舞蹈组合的兄弟姐妹，风风雨雨一直相伴走过 8 个年头。8 年的时间，我们不离不弃，风雨同舟，在最美的时光里，我们曾一起穿梭于这座城市的每一个角落，那舞动的身影，那灿烂的笑容……点滴记忆，有辛酸，也有喜悦。

“人生的旅途，谁能知道前方有多少条路？春夏秋冬，阳光雨露，清晨日暮，希望就在不远处，不低头，不流泪，要坚持住。朋友，我们还有相会处！”在离别的当晚，我写道。

结 语

依依不舍的离别总让人伤感，美好的记忆总让人怀念。人生是一段奔波的旅途，某个时间，某个地方，我们相聚，某一天，又在互道珍重中天各一方。无论时光如何推移，情境如何变迁，请记住：“不忘初心，方得始终！”带着一颗善良、真诚、进取、宽容、博爱之心，迎接美好的明天吧！

第三章

创业不容易

从一个行业到另一个行业，从舞蹈艺人到美容美发师，再到企业的老板，我一直努力地对待生活，同时，也得到了生活的诸多恩赐。在美容美发行业，我谦卑、认真、热情地对待身边的人和事，得到了客户的认可、老板的器重。创业中，我用江湖大哥的身份管理员工，我讲义气，满身匪气，我动用武力惩治滋事者。可是，有一天，我突然发现，我再也不能管理日益增多的店面。人总是在某个时候，高估自己，从而看不清眼前的路。当我为管理问题烦心的时候，一个业务员、一本书、一节课、一位老师，使我的人生发生了巨大的改变。

有一种恐惧叫上台“做主持”

不论在什么时候开始，重要的是开始之后就不要停止，不论在什么时候结束，重要的是结束之后就不要悔恨。我步入舞蹈行业，将满腔热血投入其中，努力着，奋斗着，憧憬着美好的未来。随着舞蹈组合的解散，一段辉煌的人生经历便落下帷幕。我重整戎装，向着另一段辉煌的人生迈进。

舞蹈组合解散之后，受朋友之约，我来到了杭州。在杭州这座美丽的城市里，我感受到江南风韵的婉约，领略到西子湖畔的醉人风景。

经朋友介绍，我来到城北的一家美容美发店，做起造型师。我没有经过专业培训，只是在电视台时自学了一段时间的美容美发，因此，缺乏实践。面对经验丰富的同事，我虚心请教，默默无闻地工作：拖地、洗毛巾、为顾客洗头，给其他造型师做副手，而我之前在舞蹈界的风光岁月却没有一个人知道。我把那段岁月深埋在心里，一天的工作结束后，躺在床上，我会怀念那段精彩的岁月，怀念有掌声和鲜花的日子。

在人生的道路上，耐得住寂寞，才守得住繁华。初入美容美发行业时，我度过了一段艰难的岁月，这段岁月就像黎明前的黑暗。我无比相信，度过这段黑暗必定迎来黎明的曙光。凭借谦虚好学、勤奋求教的精神，很快，我在美容美发行业得到了许多客户的赞扬，同时，我的技术也得到了很大提高。我开始拥有稳定的客户，我的手艺得到了他们的高度认可。

在这家美容美发店工作期间，有一件事让我无法忘记。多年后，我结缘成杰老师，跟随成杰老师学习公众演说的时候，回想起这件事，我都会感慨：人生要走向何处，总在冥冥中有某种引导与暗示。

有一段时间，店里的生意不好，老板就想到了与大学联合举办活动的营销方法。当时，我们和浙江大学联合举办了一场时尚秀，叫“当代大学生与时尚”。活动的目的是让在校大学生能够了解时尚，和时尚接轨。

在这次活动中，校方要求合作双方各推举一名主持人。校方推举的是一名朝气蓬勃的美女，而我们店却找不到一个愿意主持的人，店里根本没有主持方面的人才。活动临近，主持人没有人选，老板急得团团转。我是店里长得比较英俊的小伙子，老板和同事看我是新来的，人比较谦卑，又好学，干活利索，于是就决定让我去主持。虽然我有舞台经验，但是做主持和跳舞有着本质的区别，跳舞表现的是无声的肢体语言，而做主持却是要表现语言魅力。

我对老板说，我没有主持经验，恐怕不能胜任。老板说："放心，我们相信你。"我要推辞，老板又说："大家都推荐你，是对你的信任，相信你能主持好这场活动，就这样决定了。"

校方主持人是学生会部长，普通话说得非常流利也非常标准。她对我说："上台之后，你只管按照稿子念。我念一句，你就念一句，不要紧张，也不要害怕。"尽管她不断安慰我，可是，上台之后，我还是无比紧张，我的心"砰砰砰"地跳，似乎要从心脏里跳出来，我的腿不停地颤抖。

她很娴熟地说一句，我按照稿子机械且生硬地念一句。她帮我圆场："这一位呢，是专业的造型师，不是专业的主持人，今天，能够请他来给我们展示造型设计，是很不容易的，大家欢迎。"台下响起热烈的掌声。

我一脸窘相，不自然地配合鼓掌。我把稿子放在眼前，遮着半边脸，每念一句，我都会偷偷看台下学生的反响。活动结束之后，我长舒了一口气。在台上的两三个小时，我像艰难地度过了好几年。

通过这次活动，我真正理解"隔行如隔山"的道理，我深刻体会到站在公众面前讲话比站在台上跳舞要难百倍。多年之后，当我站在千人会场游刃有余地发表公众演说，当我在学员面前绘声绘色地描述这次主持经历的时候，他们怎么也不敢相信，曾经的我是一个不善言辞、恐惧舞台、不敢讲话的人。

人生是一个不断蜕变的过程，恐惧就像横在面前的沟壑，想要前行必须跨过沟壑，可是，当你害怕沟壑的深不可测，害怕掉入万丈深渊时，你永远只能站在原地，被懦弱紧紧束缚。你若无畏无惧，纵深一跳，就会发现，你已经跨越了眼前的障碍，冲破了束缚在身上的层层枷锁。我们需要突破自己的勇气，正如我们需要拥有一双高飞的翅膀。

每每想起这次活动经历，我都会暗自发笑，曾经紧张、害怕的情景在脑海中不断浮现。我会笑着说自己“傻”。可是，如果没有这段经历中的“傻”，怎么能有现在的蜕变呢？

我们都有类似的经历，也都因为畏惧某一件事而紧张，终于有一天，当你发现没有必要畏惧某件事时，你已经在悄无声息中成长了。

我在这家美容美发店工作三个月后，来到一家叫“漂亮宝贝”的美容美发店工作。美容美发店的老板是广东人，喜欢赌博。刚到这家店的时候，我的客户并不多。我是新来的造型师，大部分客户对我的技术持有怀疑的态度。因此，在刚开始的两个月，我几乎没有稳定的客户。当时，技术好的造型师有许多客户，服务不过来的时候，他们就把服务不过来的客户交给我。

我真诚地对待每一位客户，态度热情，把让每位客户满意当作最大的收获。久而久之，客户都非常满意我的服务，于是，他们顺理成章地成了我的常客。

我逐渐有了自己的客户，并且在客户的转介绍下，我的客户越来越多。在服务行业，客户就是衣食父母。我感谢每一位客户，因为他们的支持与厚爱，让我在不到半年的时间内，业绩冲进店内前三名，在一年的时间内，业绩就冲到第二名。业绩好，工资自然高。我每个月的工资有两三万。给店里创造了价值，老板便对我非常信任，我逐渐成为店里的“红人”。

人一旦得意，便容易忘形。因为有了一些存款，我便开始泡吧，去KTV、夜总会，吃喝玩乐成为我的家常便饭。更甚的是，我竟然和老板一起赌博。赌输了，我就想把输的钱赢回来，但是十赌九输，和老板一起赌的次数多了，我发现每个月的工资不是扔到了赌桌上，就是完好无损地作为赌资还给了老板。

时间一点点流逝，转眼间，我在这家店里已经工作了5年。我依然出入酒吧、KTV，和老板一起赌博，重复着习以为常的生活。在5年的时间里，我发现除了岁数的增长我没有一点成就，甚至连存款都没有。

人总是在某个时候发现自己的缺点，甚至会发现走过的路是错误的。我很庆幸当我发现自己错了的时候能够迷途知返。我找到老板，说：“我想自己开店，或者我们开连锁店，把规模做大。”

老板听了我的建议之后，有些犹豫。但是，老板娘听了之后非常高兴，她说服老板听取我的意见。我要特别感谢这位老板娘。她长得漂亮，心地善良，在我的创业过程中，给予了极大支持。2003年时，我决定在杭州买房，在资金不宽裕的情况下，也是老板娘向我伸出了援助之手。至今，我还清楚地记得，她提着一大袋钱递给我，当我拿着这些钱的时候，心中充满温暖和感激。

在我们的人生中，会出现一些人，他们在我们处于人生低谷的时候，给予我们一句鼓励的话，一个温暖的怀抱，或者帮助我们走出困境。我们感谢生命中这些贵人，如同我们感恩生活一样。

结 语

在人生的道路上，我们都曾有过恐惧和不敢跨越的障碍。其实，当我们勇敢地迈进一步，克服横在面前的阻碍，就会发现，原来人生中并没有不可跨越的沟壑，并没有攀登不了的顶峰。所以，要勇敢面对人生的每一次挑战，追求人生的高度。

行孝不容一时耽

我在店里工作了5年，勤勤恳恳，认认真真，不但赢得了客户的厚爱，还深受老板的器重。后来我跟老板说我想自己开店，老板说他新开了一家店，让我去管理。如果管理得好，挣了钱，给我分股份。我欣然答应。

从一名打工人员到一名自主经营的小老板，我用了5年的时间。5年中，我用踏实的工作态度和过硬的技术赢得了客户的尊重和老板的青睐。身份的急剧变化，预示着我的人生将发生重大变化。

新店位于杭州汽车南站附近，2007年4月30日，我进驻新店。5月1日，我正式上班。因为新店刚开张不久，没有稳定的客户，所以业绩一直处在亏损状态。

当务之急是“救活”新店，扭亏转盈，否则，我的创业之路将会“出师未捷身先死”。要想提高业绩，首先要提高员工的工作积极性。出色的社交能力让我很快和店里的员工打成一片，把一家死气沉沉的店搞得异常活跃，趁着员工情绪高涨，我说:“我们大家一起努力，把店做好了，大家都有钱挣。否则，大家都喝西北风。”我的话很真实，也很现实。

在我的身上,从小就有江湖气。“分钱分天下”,我绝不小气。我用“义气”两个字拉拢每一位员工,处处照顾他们,关心他们,他们很快就叫我“大哥”，对我言听计从。

在老店工作的5年时间内，我积攒了许多客户，听说我去了另一家店工作，我的客户便也跟着到新店来了。

员工们认为我讲义气，重情义，我也一改往日懒散的作风，认真工作，热情服务客户。客户慢慢增多，店铺开始由亏转盈。业绩逐渐好转后，我琢磨着把事业做大。然而，创业的道路上充满着艰辛，在忙碌的工作中，我却忽略了伟大的亲情。

有一天,家里打电话,说父亲生病了。当时,我正在忙工作,当我忙完之后，父亲已经被送进了医院。

医生说，父亲的肠子出现了问题，要尽快进行手术。在通往手术室的路上，我碰到了迎面推来的父亲。来到父亲面前，看到父亲极其痛苦的表情，我心如刀绞。

我握着父亲粗糙的手说:“爸，你会好的，我们都在这里等着你。”父亲看着我，眼里闪烁着泪光。

我似乎读懂了父亲，虽然他在进入手术室的时候，没有言语，但是，我知道，在他的心中，一定存在着诸多顾虑，对生命无常的担忧，对亲情分离的害怕。

我再次对父亲说:“爸，你放心，会没事的。”父亲被推进手术室之后，我却像一个犯错的孩子陷入了深深的自责中。作为一个儿子，我没有好好地照顾父亲，甚至他病得严重的时候，我却还在忙着工作，我是多么的不孝呀！

父亲总是怕花钱，不到万不得已，他是不肯去医院的。这次，我不敢想象，他是忍受了多么大的病痛之后才肯到医院治疗的！

在离开上海到杭州工作之前，我在妹妹家附近买了一套房，方便妹妹照顾父亲。就在父亲出院后不久的一天，我的妹夫去照看父亲。当时，父亲一个人在家。妹夫敲了敲门，父亲没有开门。于是，他又用力敲，门仍然没有开。妹夫只好骑自行车回自己家，取备用钥匙。当妹夫再次来到父亲所住的地方时，已经一个小时过去了。妹夫打开门，看到父亲躺在地上，已经没有力气用双手支撑着椅子站起来。妹夫急忙扶起他，背着他就向医院跑去。

第二天，当再次听说父亲病重时，我急忙放下手中的工作，慌慌张张驱车来到医院。在医院里，看到父亲的那一刹那，我的泪流了下来。父亲憔悴的面容与他黑白相间的头发，让我蓦然发现，在岁月的悄然流逝中，父亲在慢慢老去。

父亲得了脑溢血，出院之后，要静养一段时间，而我暂时放下手中的工作，陪伴着他。父亲坐在轮椅上，我就伴他左右，与他说话，搀扶着他去厕所。在照顾父亲的两天里，我想起了小时候生病父亲照顾我的情景。时间如白驹过隙，在经历了岁月沧桑之后，我从一个少年，到青年，又到了中年，而我的父亲却从青年，到中年，到了老年。时间就像是一把刻刀，不仅雕刻着容颜，还雕刻着人的心智。我在时间的流逝中，更加懂得生活的真谛。

在照顾父亲的分分秒秒中，我越发感觉亲情的珍贵与时间的宝贵。在陪伴父亲两天后，因工作繁忙，我又匆匆赶回杭州，投身到工作中。

结 语

我很懊悔，在创业的过程中，没有及时了解父亲的病情，没有尽到为人子的孝道，这带给我深深的内疚。父母的爱，是我力量的源泉，唯有父母安康、幸福，才是我最大的欢乐！成杰老师说“报答父母最好的方式是不辜负”，我一定不会辜负父母的期望。

用江湖义气管理企业和员工

店内生意越来越好，我开始着手创建连锁店，很快，第一家连锁店成立，没多久，第二家也成立了，当如火如荼地开到第八家店的时候，我注册了“杭州清沙美容美发有限公司”。

公司成立之后，我真正成了老板。回顾走过的人生历程，从一名背井离乡、寻找工作的农村小子到一名舞蹈艺人，再到给明星伴舞的知名艺人，再从一名业余的美容美发造型师到专业的造型师，再到一位拥有连锁店的老板，我的人生在经过努力奋斗之后，获得了意想不到的成功。

在创建第六家分店的时候，为了省钱，我请设计师设计出室内布局后，自己着手装修。

有一天，天气非常热，我买了装修材料后，光着脊背坐下来。汗水像雨一样顺着脸颊落下来，我全身脏兮兮的。我拿着一瓶矿泉水，大口喝着，此时，手机响了起来，是妹妹打来的，她说：“哥，你在干什么？”我说：“在装修新店。”

她接着说："哥，今天是你的生日，生日快乐！"

"今天是我的生日？"我反问。

忙碌让我忘记了自己的生日，听到妹妹的祝福，我的眼睛湿润了。此刻，再苦再累，也烟消云散了。

在为梦想奔波的途中，当你忽略了自己，甚至忽略了亲人的时候，亲人一句关怀的话语，就会让你备加温暖和感动。

新店装修完，我终于可以休息了。一天下午，我坐在店里悠闲地喝茶，一个长相狰狞的人来到店内。

在服务员为他洗头的过程中，他突然大声叫道："妈的，怎样洗头的？"洗头小妹吓得退到一旁。他站起身来，用恶狠狠的目光扫视了一圈，然后掏出手机，放到洗头小妹的眼前，说："这个手机号码是谁的？"他念出了号码。我坐在一旁，侧耳聆听，他念出的号码竟然是我的手机号。

我心中正疑惑，他大喊道："快说！"洗头小妹受到惊吓，立刻说："这是我们老板的手机号。"

"你们老板在哪里？"他吼道。

我走到他的身边说："有什么事情？"

他不屑一顾地说："你是老板吗？"

我说："是，我就是老板。"

他说："这个号码是你的吗？"

我说："是。"

他说："跟我到门口。"

他硬拉着我向门口走去，来到门口，他抓着我的衣领说："你小子真是个混蛋。”然后不由分说开始对我动手。

我躲过他的拳头，并反击将他打倒在地。我拎着他的衣领，把他从地上拖起来，他缓缓睁开眼。我大声吼道：“站好，你不要在老子面前撒野，再闹事，有你好受的。”说完，我放开他，转过身向店里走去。

当我踏进店门口的时候，洗头小妹大叫了起来：“老板，快跑……快跑，他拿刀了……他拿刀了。”

我转过头，看到他从车的后备厢里抽出一把长长的马刀。我急忙向后门跑去，发现后门口的铁棍和刀子都不见了，只好从后门逃跑。他看到我从后门跑掉，重新返回店内，在店里环视了一圈，拿起桌子上的茶壶，狠狠地摔在地上。

我从后门逃跑之后，给朋友打电话求援，我的朋友很快给我准备了一把马刀。我提着马刀来到店门口，发现店门紧锁，才意识到，在紧张的斗殴与逃跑中，已经过了两个钟头，员工都已经下班了。

这时，我的手机响起来，他约我晚上 10 点在店门口见面。晚上 10 点整，我带着 80 个小弟来到店门口。我给他打电话，说：“你在哪里？我在店门口等着你呢！”他大概侦查过我的行动，知道我身边有一帮子兄弟，所以在电话中，他说不过来了。我怒气冲冲地说：“你打碎了我的茶壶，我的茶壶是朋友花 1800 块买来送我的，你必须赔钱给我。”他叫嚣着：“老子不赔，就是不赔！”然后就挂断电话。

我带着兄弟们吃了夜宵。兄弟们离开之后，我回到家。我家就在美发店附近，与美发店只隔着一条马路。晚上 11 点，我听到楼下“哐当”一声，急忙趴在窗子上向下看，隐隐约约看到两个人站在我的店门口。我立刻提着马刀从楼上冲下来，来到店门口，看到玻璃门窗被砸碎了，而那两个人向附近的海鲜市场跑去。我边提着马刀追赶，边拿出手机拨打 110。来到海鲜市场，我冲着看管海鲜市场的小混混说：“你们把人给我找出来！”不一会儿，警车来到了海鲜市场，警察从车上下来，看到我手里拿着把马刀，问道：“你拎一把刀要干什么？”我说：“有人说要杀我，我要自保。”我向警察描述那个人的模样及他找人砸我玻璃的过程。一位警察听了我的描述后说：“这个人我认识，他就是一个小流氓，你不要跟他计较。”我说：“怎么能不和他计较呢，他再来闹事怎么办？”一位警察说：“你到警局一趟，我们做一下笔录。”

我来到警局，做了笔录，从警察局出来后，我找到两个兄弟，带着他们再次来到海鲜市场。我们翻遍了海鲜市场，终于在海鲜市场内的一间屋子里，找到了这个小流氓。他身边站着 20 多个小混混，手里拿着砍刀。

我走进屋里，拿起马刀，一刀劈在桌子上。20 多个小混混立刻就围了上来，我的两个小弟用砍刀指着他们说：“你们谁敢动，我就把谁的手剁下来。”20 多个小混混被震慑到，立刻退到一边。这时，那个小流氓看事情不妙，试图逃跑，被我拦住：“你不要走，钱，你一定要赔，我是做生意的，不想和你闹事。今天，你必须掏 2 万块钱，这 2 万块钱，不是勒索，也不是敲诈，是你把我的茶壶摔了，把我店里的玻璃砸了的赔偿！”我的两个小弟立刻用刀指着这帮小混混说：“不关你们的事，你们谁动手，今天的事情就找谁了。”这帮小混混一句话都不敢说。

他感到孤立无助，又看到我态度强硬，只好把钱给我。“今天，刀在这里，”我拔出砍在桌子上的刀，“以后，你来我店里消费，我欢迎你。如果再来惹事，我的刀就不是砍在桌子上，而是砍在你的脖子上。”

他木然地看着我，一脸狼狈。他的兄弟们老老实实地待在一边，没有一个人肯为他出头，我拿出一万块钱摔在桌子上说：“兄弟们，今天晚上我请你们吃夜宵。”他的兄弟们万万没想到，我会不计前嫌，请他们吃夜宵。

事后，在场的小混混都非常佩服我，他们再也没有到我店里闹事。经过调查，我才知道这个小流氓之所以到我店里闹事，是因为他的老婆经常来我店里消费，来之前，都会给我打电话或者发信息，为了服务好客户，我每次都会热情回复，和她预约时间，亲自为她服务。他大概是怀疑自己的老婆和我有什么不正当关系，才来店里闹事。

如果事情发生在今天，我会换另一种方式处理，而不是采取武力。虽然武力也是解决问题的一种方法，却是不成熟、不理智的表现。试想，在双方手持武器的情况下，稍有一方言语过激，便有可能发生斗殴，难免就会有人员伤亡。

记得有句话这样说道：“智者以理智控制情绪，愚者以情绪控制理智。”自从结缘巨海，结缘成杰老师，我学会替别人着想，学会慈悲，学会顾全大局，学会冷静处理问题。我的人生发生了改变，我的修养和境界也上升到一个新的高度。当然，这些都是后话。

结 语

未加入巨海之前，我的身上充满“江湖”义气，我甚至用江湖义气作为管理公司的手段。我莽撞、好打斗狠，我不会冷静处事，更不知道宽容待人。直到遇见了成杰老师，我的人生发生蜕变。恩师说：“只要用心就有可能，只要开始永远不晚。”我坚信恩师所说，一直在蜕变中前行。

能力与野心的较量

公司在不断地发展，分店也如火如荼地创建，三年时间，我共创建了 17 家分店，员工达到 600 人。于是，我变成为了一位大老板。

每天早上，我可以睡觉到自然醒。晚上，我和兄弟们泡酒吧、KTV。我的兄弟们屁颠屁颠地跟随我，因为我可以带着他们吃喝玩乐。

分店越开越多，我迫切需要有能力的管理者，而我的身边却没有一个可以帮助我管理店面的“能人”。作为一个老板，若没有一两个得力助手，任何事情都将亲力亲为，会非常辛苦。

正当我为寻找管理者急得焦头烂额的时候，朋友给我推荐了一个人，他叫李春。听朋友说，李春非常有能力，在上海一家美容美发店从事管理工作，有丰富的经验。于是，我开车来到上海，找到李春。当时，作为店里众多管理者之一的他并没有得到老板的器重，因此，非常悠闲，总是给人一种怀才不遇的感觉。他每天做得最多的事情是打牌和喝酒，公司给他安排的住处非常简陋，是一间小而阴暗的屋子。

我用优越的待遇吸引他，用真诚的心感动他，我在他面前不停地描述我的梦想：我说，要把“漂亮宝贝”做大做强、做上市；我说，我急需他这样的人才，我希望他能成为我的左膀右臂。他终于被我说服，答应来杭州帮我。

事实证明李春的确有丰富的管理经验，在管理中，他给予我极大的帮助。我和李春属于两种不同性格的人，无论生活或是工作中，我都是大大咧咧的性格，而李春却不是，他严谨、细致、有原则。工作中，我主要负责外部事务，而他主要负责店内工作，我们两人密切配合，使公司得到良性发展。

“当你的才华还撑不起你的野心时，那你就应该静下心来学习；当你的能力还驾驭不了你的目标时，那你就应该沉下心来历练。”这句话说得没错，开了17家店铺之后，我明显感觉管理吃力，我要特别感谢李春，有他在我左右，帮我管理公司，我轻松了许多。

员工觉悟提高了，管理自然变得轻松。美容美发行业的员工大多来自农村，文化程度不高，思想落后，要提高他们的觉悟，唯一的方法就是学习。当认识到这一点后，我就安排十几个店长到深圳学习。当时，有几位店长跟我唱反调，他们认为没有必要学习。我对他们说：“只要你们工作满一年，我会把学习费用退给你们。”可是，许多店长仍然不想去。

看着这些不想学习的店长，我非常生气，拍着桌子说：“你们谁不去，明天就给我滚。”为了起到震慑的效果，我当即撤销了两个店长，然后气愤地问道：“你们谁还不想去？”所有的店长都沉默了。

现在想一想，作为老板的我都不想去学习，怎么可能让员工心悦诚服去学习呢？什么样的“将”带出什么样的“兵”，老板都不带头学习，员工又怎会想去学习呢？

邻居大妈听说我安排店长去学习，许多店长抱怨不想去，就对我说：“这么好的机会，你让别人去，还不如让自己的妹妹去呢！”来杭州时，我把妹妹带到了杭州。我创办公司之后，我的妹妹就在店里做前台工作。她勤奋、善良、为人忠厚老实，我之所以没有给她做店长的机会，是因为她性格内向，不善言语，我觉得她不适合做店长。另一个原因是，我总是给别人机会，自己的亲人，却要求严格，很少给机会。

我对妹妹说：“我出资，你去学习，学习回来后，直接提升你为店长。”妹妹爽快地答应了我。十几位店长虽然大部分不情愿学习，但是，在我的“高压”逼迫下，他们只好去学习。虽然他们暂时不理解我，但是我相信有一天，他们会感激我。

学习回来后，店长们逐渐认识到学习的重要性，再次参加培训学习的时候，他们便不再抗拒。我把妹妹提升为店长，妹妹为人善良亲和，店面在她的管理下，生意红火，店员们都很信服她。

通过这件事，我明白：作为领导者，应该给员工创造展现才华的机会。领导者不应陷入主观臆断，认为员工适合什么岗位，不适合什么岗位。唯有给员工展现自己的机会，才能了解他们有什么样的才能。

通过培训学习，店长们的工作积极性得到了极大提高，业绩也得到进一步提升，大家都有了学习的主动性，作为老板的我也不得不要求自己学习，以便跟上公司的发展步伐。

在疯狂投资开店的过程中，我曾出现战略眼光上的失误。杭州钱江新城靠近钱塘江，距离西湖风景区不远，聚集行政办公、金融、贸易、信息、商业、旅游、居住等功能于一体，具有很大的发展空间。

我看到了它未来的发展趋势，却忽视了当时的实际情况。2011 年，我投资 200 万元在钱江新城开了一家分店。开分店的时候，钱江新城正在建设与完善中，许多设施不齐全，除了商务人士和高级白领外，人流量并不大。店面营业之后，没有多少顾客光顾，一个月过去了，两个月过去了……半年过去了，依然没有多少顾客光顾，结果每个月亏损 20 多万元。

我固执地认为，钱江新城是个好地段，总有一天，会成为杭州最繁华的地段，亏损只是暂时的，等到建设完善后，一定会盈利。我依然在不断亏损中对它充满信心。

如果继续经营这家店的话，经济损失将会更多。我盲目的投资带来了严重的后果，一年时间我赔了 200 多万元。在店面转让之后，店长经营不善，弃店而逃，我却因房租相关事宜，背负了一场官司。

在刚开始创办公司的时候，我可以凭借江湖义气，带领几十个员工吃喝玩乐，拉近与他们之间的关系。但是员工达到600多人的时候，单靠江湖义气已经无法进行有效的管理。

人生总是在面临困境的时候，突然出现“柳暗花明又一村”的景象。生命就像一条弧线，在到达最高点，落下的瞬间，却又有一种力量使它改变轨迹，再度升起。在以后的人生中，我要感谢一位销售员，是他指引着我，来到一个神圣的地方。我的人生也因此进入下一阶段的辉煌。

结 语

管理之所以出问题，是因为领导者能力不够。而学习是提高能力的唯一途径。在社会迅速发展的今天，身为企业管理者，应多学习管理之法，保证企业正常有序发展。成杰老师说：“世界上发展最长久的两大企业是学校和宗教，学校和宗教都是学习型企业。”因此，企业要想发展长久，应该营造学习型企业的氛围。

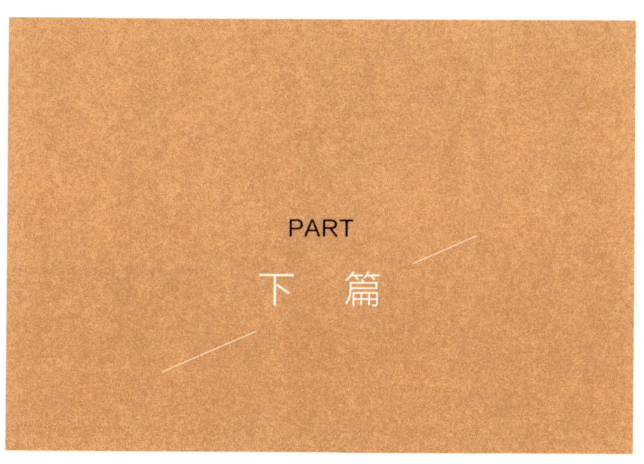

我还是我

华丽蜕变修菩提心

问道于巨海

问道于巨海，结缘成杰老师，是我一生最大的幸福。在成杰老师的课堂上，我收敛起高傲，放空自己，沐浴着成杰老师的智慧，感受着成杰老师的能量，体验着成杰老师震撼的演说，精进、成长、绽放。我立志要成为像成杰老师一样的演说家，成为像成杰老师一样具有大格局、大胸怀、大梦想的人。我给自己颁发“热爱丢脸奖”是自嘲，更是激励；面对贴沙河练习演讲 128 天，是演说能力的锻炼；课堂上，积极踊跃分享，是勇气的锻炼。因为努力、谦卑、勤奋，相信有一天，我会像成杰老师一样，成为一名超级演说家。

神奇的一堂课，改变人生

2015 年 8 月，在由巨海集团、巨海商学院、巨海华人演说家俱乐部出品的中国首部公众演说类微电影《一语定乾坤》中，我作为该部微电影的主演说了这样一句话："在我们的生命当中，一定会因为某一个人的出现，而改变我们人生的轨迹，也可能因为他的一句话，而改变我们整个人生的命运。"

2011 年 12 月 28 日，我正在召开店长会议，有一位穿着整齐的小伙子来到我的公司，看到我正在给员工开会，他悄悄地坐在沙发上。

会上，我因为两个店长跳槽，新培养的两个店长辞职而非常恼怒。会议进行到一半，我再也压制不住心中的怒火，指着他们说："你们给我好好干，不好好干，我饶不了你们！"店长们一个个低着头，像是被霜打的茄子，一句话都不敢说。开完会后，店长们纷纷离开。

我斜乜一眼坐在沙发上的小伙子，冷冰冰地说：“你找谁？干什么的？”

他微笑着站起身，来到我面前，热情洋溢地说：“秦总，我们可以聊两分钟吗？”

“你说吧，什么事？”

“秦总，你的会议可以开得更好！”

自从做老板后，没有一个人敢在我面前说我做得不好，也没有一个人敢说我会议开得不好。一个毛头小子竟然敢说我会议开得不好。我的心像一个膨胀的气球，本已充满气，却又被这小子硬充进去了一些，变得更加膨胀了，一股子怒气便直冲到我的嗓子眼。

“你说啥？你再说一遍！”我凶神恶煞地说。

他似乎有点害怕，小心翼翼地从挎包里掏出两本书，恭恭敬敬地递到我面前：“秦总，送你两本书。”我接过他递过来的两本书，一本是口袋书，有手掌那么大，另一本的书名是《谁是下一个演说家》。我把书扔到一边，毫不客气地对他说：“我下班了，没什么事，你可以走了！”

他似乎没有听到我的话，站在原地踌躇，不肯离去。

“再不走，我动手了。”我吓唬他。

他只好一步三回头，悻悻地走了。

他走了之后，我坐在办公室，心像一团乱麻。我不停地反问自己：“一个月内，四个店长离职，到底是怎么回事？”这是前所未有的状况，我越思考越感到心情烦躁。

我把自己关在办公室里。一个钟头后，我走进厕所，刚坐在马桶上，又觉得无聊，起身来到办公室，顺手拿起销售小伙子送我的书:《谁是下一个演说家》。

随意翻了两页，我便被书中的故事吸引住了，于是，我努力使自己静下心，仔细认真地从第一页看起。10 分钟过去了，我坐在马桶上，20 分钟过去了，我还是坐在马桶上，2 个小时过去了，我依然坐在马桶上，直到 3 个小时过去了，我坐在马桶上终于把这本书看完了。

当我合上这本书的时候，我的泪水早已打湿了脸颊。一位叫成杰的 80 后演说少帅，一位立志用毕生精力捐建 101 所希望小学的慈善家，一位普度众生发愿影响人、成就人的企业家，他的故事深深打动了我，他的梦想彻底感动了我。虽然我比他大 6 岁，可是，我却没有他那样伟大的梦想，而与他相比，我的梦想只囿于个人利益。

小时候,我的梦想是摆脱贫困；登上舞台,站在千万人面前，我的梦想是成为一位耀眼的明星；当我退下舞台，进入美容美发行业，我却突然没有了梦想；当我选择创业，公司慢慢壮大，我更加迷茫。

此刻的我，不停地问自己:“我为什么要活着？为什么而活着？人生是什么？人生的意义又是什么呢？”

我是从农村走出来的，一步一个脚印，经历过风雨的洗礼，也经历过奋斗之后的辉煌，曾年少轻狂，也一度傲慢到现在。可是，书中的那位成杰老师，却让我深深震撼，他也从农村走出来，和我一样，有着贫困的家庭，有着奋斗、拼搏的精神，不同的是，他的梦想是那样清晰而伟大，他的拼搏奋斗又是那样激励人心，他年纪轻轻所取得的成就又让我感到不可思议。

他到底是一个什么样的人物呢？他难道有超越常人的智商，难道有三头六臂、七十二般变化？

我急忙给那位销售小伙子发信息："成杰老师什么时候开课？"他很快给我打来电话，热情地说："本月30日，成杰老师的'新商业领袖智慧'（课程'一语定乾坤'初级版）在杭州孔雀大酒店隆重开课，我现在是您的学习顾问，我会很好地服务您，您要去听吗，秦总？"

我说："好，我去听一听。"

两天之后，我如期来到课程现场。12月30日这天，主讲并不是成杰老师。我坐在会场，跷起二郎腿，显出高傲的样子。我对老师的讲课内容与课堂气氛不屑一顾。老师的课讲得没有什么不好，但是，我却难以融入课程中。

我问学习顾问："成杰老师什么时候开讲？"他说："31日。"在等待成杰老师演讲的过程中，我一次次想象着这位年轻而又帅气的人到底能讲出什么样的内容，是否真的如同书中所说，他的课程能够震撼人心，改变命运？

我在耐心等待中度过了一天，当我看到成杰老师的时候，映入我眼帘的是一位帅气而有魅力的年轻人。他从台下走到台上，路过我的身边，我感受到了不一样的气场。

站在讲台上，在灯光的照耀下，他开始讲课。他浑厚而有穿透力的嗓音立刻吸引了我。

我端坐在台下，认真记下他讲的每一句话："讲话积极正面，向上向善就是普度众生，讲话消极负面，向下向恶就是谋财害命。""没有平凡的人，只有平凡的人生，你是谁并不重要，重要的是：你是否坚持了自己的梦想！"

这些话语，我从来没有听过，但是，我却被这些话所吸引，被成杰老师所吸引。我时而泪流满面，时而激情四射。我的情绪随着课堂的氛围变化着。

当成杰老师讲到他将用毕生的精力捐建101所希望小学时，我泪如泉涌。我的内心被深深地震撼，对成杰老师肃然起敬。

我不知道在人生迷茫、管理弊端层出不穷的时候，遇见成杰老师是不是天意，或许，成杰老师真的是上天派来普度我的一位圣人。

体验成杰老师的课，像是经历了一场心灵的洗礼。我布满尘埃的心在洗礼中，变得圣洁与通透，洗去了傲慢、自私、贪欲，我像一个只有3岁的小孩，内心变得纯净，我带着童真和善良，在课堂上欢呼雀跃。

我希望在成杰老师的帮助下，脱胎换骨，成为另一个秦以金，这个秦以金必定是一个充满慈悲、善良、大爱的人。因此，我报了成杰老师的所有课程。

课程结束，我无比感动与激动。深夜，我辗转难眠，我的心还停留在课堂上，为一天的收获兴奋不已。我仔细品味着成杰老师的讲课内容，内心越发豁然。我拿起手机，给成杰老师发了一条短信："老师，你好！我是秦以金，再过几个小时，我将迎来 36 岁本命年，我想改变，可是，我不知道怎样改变，我也想成为像你一样的演说家。我这么大的年纪，你看行吗？"发完短信，我长出一口气，然后，屏住呼吸，静静地等待。漆黑的夜，万籁俱寂，突然，我的手机一阵震动，我迅速拿起手机。"以金，只要用心，就有可能；只要开始，永远不晚。以金，你一定可以的！"

30 多年来，从来没有人叫我"以金"，我的朋友都叫我"凯哥""老大"或"大哥"。成杰老师亲切地叫我"以金"，让我感觉特别温暖，而他的话，又让我充满了能量。

我迅速坐起，把闹钟调到 5 点 40 分。我暗自发誓，从此刻开始，我要改变。我对自己说：既然无比坚定地决定改变，既然要想成为像成杰老师那样的人，唯有行动，行动，再行动，才能彻底改变，才能和以前的自己划清界限。

2012 年 1 月 1 日，雨夹雪，倾盆大雨砸得墙壁噼里啪啦响，雪粒像绿豆一样哗啦啦撒下来。闹钟在 5 点 40 分响起，我迅速起床，穿好衣服，找一件有帽子的衣服披在身上，拿起成杰老师的书《谁是下一个演说家》。

老婆在睡梦中醒来，她看到我的一系列举动，不解地问："你要去干吗？"我说："我要向成杰老师学习，改变自己，未来有一天，我要成为像他一样的演说家。"

老婆看了我一眼，把头转向一边，呼呼睡去。她不屑一顾的眼神在质疑我，而我坚信有一天，我能够成为一名超级演说家，能够像成杰老师一样，魅力四射地站在讲台上发表公众演说。

我悄悄地来到只有 2 岁，还在熟睡的儿子面前，轻吻了儿子的脸蛋，说：“儿子，你妈不相信你老爸会改变。今天，爸爸要开始学习了。我希望你长大之后，不会因为有一个不爱学习、没有梦想、没有追求的爸爸而感到羞耻；我希望你长大之后，有人在你的面前提到‘秦以金’三个字，你可以拍着胸口说‘我的爸爸是一个热爱学习、有上进心的人’。”

老婆再次睁开眼，依然不屑一顾地看我一眼，然后又睡去。我继续说：“你妈妈不相信我，你一定要相信我。”说完，我轻轻关上房门，戴上帽子，冲进雨中。

我在黑暗中飞奔，在雨中大声咆哮，带着力量，带着激情，像角斗士，雄赳赳、气昂昂，向滂沱大雨挑衅，向命运宣战！如果生命中，有一位智者，可以为我们指明前程，可以指引我们走向更广阔的明天，引导我们向上、向善，让我们顿悟生命的意义，那么，这位智者就是值得我们一辈子追随的人。

我经常对朋友说，在我的生命中，能够遇到我的恩师，是我最大的幸运，能够跟随恩师，是我最大的福分。

当我选择改变的那一刻，我知道，我的人生开始发生变化，这些变化如同悄然盛开的花朵，如同拨开云朵的蓝天，美好而又令人欢喜。

结 语

人生中，总会有一个人、一本书、一堂课，或者寥寥几句话就可以让我们发生改变。我们感恩生命中让我们发生改变的人，我们把他们当作普度的使者、智慧的化身。恩师的话，“只要用心，就有可能；只要开始，永远不晚”时时刻刻留在我的心中，我把它作为我的行动指南。

坚持不懈，练习演讲128天

雨雪交加中，我跑到城东公园附近的贴沙河边，站在风景如画的河岸，打开《谁是下一个演说家》，开始疯狂练习演说。

我站在雨雪中，面对河水，脸上显现出前所未有的刚毅和严肃，一句“大家好”，伴随手势，一遍遍从我的嘴里说出。不同的语气，不同的感觉，我在寻找着最适合我的表现方式。

有人经过我的身边，我因胆小害羞停止朗读，随即，把帽子拉下来遮着脸。当别人走远，我继续练习，随着感觉越来越好，我的情绪开始高涨，声音也随之增大。

我重复练习一句话，一个手势，或者一个表情，直到找到感觉，直到令自己满意，才开始练习另一句话。

成杰老师说：“练习演讲，要苦练，恒练。”我必须苦练，才能提高演说能力。

练完演讲，回到家，吃过早饭，来到公司，员工都惊呆了。他们怎么都想不到，一个经常下午两三点才起床上班或者两三天都不去公司上班的人能够早上9点之前来到公司。他们为我的反常现象感到疑惑，他们猜想我应该是整个晚上没有睡觉，或者公司发生了重大事情。于是，一个个战战兢兢地望着我。我却从容地来到座位上，拿起书开始看。这时，他们显得更加惊讶，一个从来不看书的人竟然开始看书了。

第二天，我依然5点40分起床，来到贴沙河练习演讲。

第三天，当我站在贴沙河大声朗读“各位，大家早上好，今天我为大家分享……”时，隐隐约约看到一个人影在慢慢向我靠近。经过两天的练习，我的胆量得到提高，有人经过，我不再害怕，便没有理会这个向我靠近的身影。

在距离我一米的地方，这个人影居然跪了下来。我急忙抬起头，竟然是一位白发苍苍70多岁的老人。我不解地想：练习演讲，竟然还有人给我下跪，难道是被我的演讲深深震撼到了吗?

我急忙去扶他，他推开我，站起身。我正要开口问他有什么事情，为什么要下跪。他却抬起头，用愤怒的眼光看着我，指着我的鼻子说：“你这个神经病，昨天是不是你?”

我说：“是我。”

“前天是不是你?”

我说：“是我。”

“你在这里干什么?”

我说：“练习演讲。”

“你是谁呀，你是电视台主持人吗?”

我说："不是呀！"

"练什么演讲，鬼哭狼嚎一样乱喊乱叫。"

我有些生气，心想：我练习演讲，碍你什么事情，在我面前指手画脚。要是在以前，我一定大发脾气。但既然要改变，就要自律，我平复了一下心绪，还是不耐烦地说："我在练习演讲，关你什么事情，这位大叔，你怎么骂人呢？还给我下跪之后再骂我，什么意思？"

他怒视着我说："你以为我是给你下跪呀！我昨天看见你在发神经病，今天又看到你在发神经病，我就过来看你这位神经病，在距离你不到一米的地方有一块石头，把我绊倒在地上。"

我急忙问他有没有摔伤。他没有理我，恶狠狠看我一眼，转身离开。

第四天，我依然来到贴沙河练习演讲。

第五天，这位老人笑眯眯地来到我的面前，说："小伙子，你的毅力很坚定，我欣赏你。经过五天的观察，我发现你真的在练习演讲！"

我说："我胆子小，不敢讲话，不敢给员工开会，所以跟一位老师学习演讲之后，在这里练习，您是锻炼身体，我是练习演讲，应该没有妨碍到您老人家吧！"

他急忙说："没有，没有，你明天还来不来？"

"来！"我坚定有力地说。

他说："好，你来的话，我送给你一份礼物。"

第六天，当我来到贴沙河练习演讲的时候，他早已在河边等我，看到我，他急忙微笑着来到我面前，从怀里掏出两本崭新的杂志送给我，我接过杂志，连忙道谢。

老人送我的杂志是《演讲与口才》，一本是 1992 年出版的，另一本则是 1995 年出版的。

看到我专心致志地翻看杂志，老人说："小伙子，我年轻的时候也像你一样，梦想着成为一名演说家，现在，我老了，不练了。这是我保存了近二十年的两本杂志，看到你这样刻苦努力，我把它送给你，希望你能成为一名演说家。"

听着老人殷切的话语，我似乎看到了他年轻时练习演讲的情景，看到他年轻时风华正茂，充满朝气的面孔。时光流逝，带走许多值得纪念的人和事，而唯一带不走的是年轻时执着的梦想。

当你热衷某件事的时候，必定有同样爱好的人出现在你的生命中，成为欣赏你、重视你的人。这位老人在我学习演讲的生涯中演奏了一段小插曲，但是，他却成为我开始练习演讲之后第一个支持我的人，给我带来了难以忘怀的鼓励和感动。

直到今天，我还记得老人送给我的杂志上的一句话："语言是隔开我们的一条河，也是引渡我们的一条船"。这句话一直鼓励着我，成为我学习演讲的动力。

自从面对贴沙河练习演讲之后，每天早上，我都是第一个到公司，公司的员工看到我发生如此大的改变，感到非常惊讶。特别是李春，我的好搭档，他用怀疑的目光看着我说："你为什么这么早来公司？这与以前的你简直是天壤之别！"

我说："我每天早上都会在贴沙河练习演讲。"李春用怀疑的目光打量着我。

我对李春说："我要改变自己，要成为一名超级演说家，要像成杰老师那样普度众生。"李春依然一脸质疑。我还说："以后再也不要叫我去打牌赌博，不要叫我去酒吧喝酒，不要叫我去 KTV 唱歌，我下定决心要学习、成长和改变。"

也难怪李春不相信，我们认识那么长时间，我是什么样的人，李春难道不知道吗？我一下子像变了一个人，搁在谁身上，都会质疑。

为了验证我的话，李春悄悄来到贴沙河。看到我站在贴沙河岸挥着手势，大声朗读，他掏出手机，拍下我练习演讲的画面，然后，对同事们说："老大说得没错，他真的在练习演讲。"公司里一阵哗然，纷纷说："怎么可能，老大这样的人，还知道学习啊？"

尽管如此，李春依然不相信我能够改变，不相信我能坚持练习演讲。于是，第二天早上，他又来到贴沙河，看到我在练习演讲。第三天，他再次来到贴沙河，看到我依然在练习演讲。这次，他彻底相信了。他掏出手机，给我打电话："老大，你看一下河对面，我在对面已经盯了你三天。现在，我相信你了。"我看到他站在河对面向我挥手。本来我还准备为他不相信我，对他进行批评教育，这时，我却笑了起来。

在管理中，存在着一种上行下效的规则，凡是热爱学习的老板，员工中热爱学习的人就会多，凡是爱玩的老板，员工中爱玩的人就会多。自从我摒弃不良嗜好，虚心学习之后，许多员工也效仿我，开始看书，学习。

之前，每次给员工开会，我都是粗话连篇，稍有不满，就对员工破口大骂。学习演说之后，我开始变得文雅，在开会的时候，我耐心讲解，温和说教。我用在成杰老师课堂上学的语录去开导员工，用具有魅力的语言、手势和表情表达会议内容，形象和态度的转变让我自己都感到不可思议，员工们更觉得诧异。他们私底下纷纷议论："老大经过学习，效果很明显，现在的老大，变得善良了、斯文了、有气质了。"

作为一个老板，只有具备良好的形象，才能赢得员工的尊敬和敬畏。之前的我，是一副地痞流氓的形象，我的员工，也像土匪一样，我指到哪里，他们便打到哪里。自从在贴沙河练习演说之后，我学会了用语言化解矛盾，和员工进行心灵沟通。在练习演说之后，我和朋友们的关系变得更加和睦，我和员工的关系变得更加和谐。

结语

有人说"衡量一个人幸福不幸福，不在于他拥有什么，而在于他是否坚持梦想，并为之奋斗"。在追逐梦想的道路上，或许会有荆棘，或许会有嘲笑，唯有拥有一颗渴望强大的内心，才能够克服种种困难，实现梦想。

你从没听说过的“热爱丢脸奖”

经过十几天坚持不懈、风雨无阻的练习，我觉得自己的演讲水平有了极大进步，已经算得上一个有水平的演讲家了。我特别想在课堂上展现自己，如果能得到成杰老师的称赞，我会更加高兴。

在2012年春节前的一个星期，成杰老师的课程“总裁演说智慧”在上海开课。我放下手中的工作，第一时间从杭州驱车到课程现场。课程现场早已布置得豪华大气，我的内心充满喜悦，相信在课堂上，我一定会技压群雄，一展演说的魅力。

我认真听课，踊跃发言，只要有机会分享便第一个冲上讲台。当成杰老师问及谁愿意当队长请到讲台上时，我便第一时间冲上讲台，主动请缨，担任队长一职。

我完全放下老板的架子，把自己当作一名“小学生”，认真听讲，尽最大努力帮助团队成员，尽最大努力取得好成绩。

在团队中，我可能不是最优秀的一位队员，但是，我愿意

“要”，渴望“得到”，我敢于承担团队的责任，勇于为大家服务，因此，队员们都很支持我。只要有分享的机会，我便第一个冲上讲台，其实，站在讲台上，我脑子里一片空白，不知道分享什么，有时，面对全场学员的时候，我只能拿着话筒傻笑。尽管如此，我仍然按照成杰老师所说，“学习演讲，要打开自己，放下自己，要热爱丢脸，敢于上台”。大部分企业家之所以不敢上台，是因为爱面子，怕讲不好，他们不知道如何打开自己，突破胆怯，绽放自己。我用成杰老师的话教导队员：“今天的丢脸就是为了明天的赏脸，今天小范围的丢脸，就是为了明天大范围的赏脸。”

我期盼演讲比赛的到来。在贴沙河十几天的演讲，让我对拿到冠军充满信心。让我万万没有想到是，演讲比赛下来，我竟然连前十名都没有进。

当获奖者拿着奖杯站在讲台上的时候，我投去了羡慕的目光。我作为一个刻苦练习演讲十几天的人，一个已经突破自己，敢于演讲的人，竟然什么奖都没有获得，我有一种强烈的失落感。回顾三天的课程，让我印象最深的是冲上讲台 20 多次，胆量大了，脸皮也厚了，演讲水平却没有明显的提高。

课程结束，我羡慕地看着冠军奖杯，闪闪发光的杯身，承载着鲜花与掌声的精神荣誉，印证着努力与收获的精神力量，总有一天，我会把你抱在怀中，用我的体温温暖你，用我满腔的热情之火点燃你。

有一段经历让我难忘，这段经历提高了我的胆识与勇气，让我收获颇丰。那是在课程进行中的第二天晚上，成杰老师要求我们到大街上卖书。

团队中的几个学员聚在一起，遇到商场店铺，一窝蜂般拥进去，然后七嘴八舌向老板推销，店主应接不暇，一句都没听进去，还以为我们是一群骗子，不由分说把我们全部轰出店外。

我及时发现了这种“群攻式”销售（我把这种销售方式叫作“群攻式”销售）的弊端，为了取得销售好成绩，也为了证明自己的能力，我决定单独行动。

来到麦当劳，我买了一杯咖啡，刚坐下来，看到一个人扛着大包小包走进来，我一看他的装扮，就知道是返乡的农民工。我拿着咖啡坐在他的面前，和他攀谈起来。

“朋友，你是在上海打工的？准备回家？”我微笑着说。

“快过年了，回家。”他说。

“这一年来，有什么收获吗？”

“没啥收获。”他说。

“存了多少钱？”

“出来打工，开销大，没存多少钱，准备早点回家过年，年底回家，车票贵。”

“朋友，来年有什么计划？”我继续问。

“没计划。”

“做人做事一定要有计划，我是杭州一家公司的老板，今天来到上海学习。现在刚刚下课，肚子饿了，过来吃点东西。”我自豪地说。

他用羡慕的目光看着我。我接着说："无论做什么工作，都要有梦想，为梦想而奋斗，人生才会美好，兄弟，只要朝着心中的梦想奋斗，你一定能成功。在熙熙攘攘的人群中，有那么多为梦想而奋斗的人，有那么多还在努力拼搏的人，因此，在追求梦想的道路上，我们并不孤单……"

在和他的攀谈中，我引用了成杰老师的许多语录。听到我一番激励的话，他感到热血沸腾，似乎看到了自己充满希望的前程，激动地说："我本打算明年不再来上海，但是你的话，点燃了我心中的梦想，我决定明年在上海继续拼搏奋斗。"

我说："你应该多投资学习，这个世界上，挣钱最快、最有效的方法就是学习。今天，我在上课，主讲是一位伟大的演说家，他叫成杰。自从上了他的课，我收获很大。我买了他的两本书，特别好，我看你这么渴望改变，就给你留一本。"

他问："多少钱？"

我说："35 块钱。"

看到他在犹豫，我补充说："我买来是 35 元，卖给你也是 35 元，我不挣你钱，只当交一个朋友，当你把这本书看到 101 遍的时候，奇迹就会出现。"我边把书递给他，边故作神秘地说。

他并没有接我手中的书，而是把手塞进口袋，看到他一直在犹豫，我继续说："算了，你和我挺投缘。你买了这本书，我请你喝一杯咖啡，购买一杯咖啡要 8 块钱，等于你只需要 27 块钱就可以买到这本书。"

"你说划算不？"

“挺划算的。”他憨笑。

他不再犹豫，掏出钱买了这本书。然后拿着书让我签名，我写下成杰老师的语录：“人生不设限，才会精彩无限。”然后签上我的名字，对他说：“你拿回去之后，把签过名的这页撕下来，贴在床头，天天看，一看就会想起我。”

他说：“我一定好好看这本书。”

我心中暗喜，虽然给他买了一杯咖啡，倒贴了 8 块钱，但是终究是卖出去了一本书，也算是开门红。此时，有两个老外走进麦当劳。

我说：“老外来了，我要去帮帮老外。”我离开座位。

当我走到老外面前的时候，他们正在吃炸鸡腿。我的包里还有两本《谁是下一个演说家》，如果把书卖给他们，我就可以回酒店休息。我鼓励自己，一定要卖出这两本书。

老外不会讲汉语，我就用英语和他们讲。他们拿过书，翻了翻，用英文问我多少钱，我说两本 70 元。他们说两本书是用汉语写的，看不懂。我拍着书说“very good”，然后用汉语重复着说“好书，好书”。

他们摆着手说“no”,我指着封面上成杰老师的头像说“my teacher”，然后伸出大拇指说，“very very good”。周围许多人听到我用“中国式英文”和外国人交流，捂着嘴暗自发笑。两个老外看到我非常热情，不好意思对视了一阵，其中一个老外掏出 100 元钱，我找给他们 30 元，把书递给他们。

终于把随身携带的三本书卖出去了。我为自己的销售业绩感到高兴，我竟然把书卖给了农民工，还把书卖给了外国人，我愉快地向酒店走去。天下起雨，我哼着小曲狂奔起来。

真是乐极生悲，跑到酒店门口时，我滑倒了，重重地摔在了地上。我的裤子被划破了，膝盖流出血来。我咬紧牙关，忍着剧痛，硬是没有吭一声。

几位同学看到后，找来创可贴，帮我贴在伤口上，然后搀扶着我回到房间。我龇牙咧嘴地忍受疼痛，心中却为卖书的事情激动不已，“不爱看书的农民工”和“不懂汉语的外国人”都成了我的客户，我开始佩服自己，沾沾自喜。其他学员还没回酒店，雨还在下，他们一定会被淋成“落汤鸡”。

人生中，有许多事情并不是我们不会做、做不好、做不到，而是我们不敢做，没有勇气去做。我们害怕失败，害怕事情会被搞砸。胆怯像横在我们面前的一堵墙，当我们真正破墙而入，就会发现，没有什么可以阻挡我们突破、改变与绽放。

虽然卖书给我带来小小的成就感，但是回到杭州之后，我的心情一直不好，因为，在这 3 天的课程中，我除了能够突破自己，放下自己，并没有获得任何激发精神的力量，满足精神需求的荣誉感。

在课堂上，我很努力，很积极，却没有获奖，我非常难过。我对自己说：“既然课堂上没有获奖。我要给自己评奖。”

我找来一张 A4 纸，拿起笔，思索了好长时间，在 3 天的课程中，我比其他同学热爱丢脸，就颁发“热爱丢脸奖”吧！于是，我写下：“秦以金，恭喜你获得巨海集团第四届‘总裁演说智慧’最最热爱丢脸奖”几个字。

我很满意给自己颁的奖，把它贴在墙上，望着它，我得意扬扬地对自己说：“秦以金，今天的丢脸就是为了明天的赏脸，今天小范围的丢脸，就是为了明天大范围的赏脸。”

我继续来到贴沙河练习演讲。我比之前更卖力，没有话筒，我拿一根树枝当话筒，我一手拿书，一手拿着“话筒”，激情演讲，忘我投入，遇到下雨天，我把雨伞架在树杈上，站在伞下，继续演讲。多少次，雨水打湿我的衣服，我却浑然不知。多少次，雨伞被风吹走，我却毫无察觉。

“骐骥一跃，不能十步；驽马十驾，功在不舍；锲而舍之，朽木不折；锲而不舍，金石可镂。”但凡有伟大成就的人，都有锲而不舍的精神。我要坚持不懈，风雨无阻，练习演讲 128 天，如同成杰老师面对黄浦江练习演说 101 天那样，为人生创造难忘而又美好的经历。128 天之后，我的演说能力一定会得到飞速的提高。

结 语

生活中，难免会遇到挫折或打击，或许当你倍加努力之后，发现并没有收获预期的效果，但是，请不要气馁，重整你的思绪，坚持下去，当你真正为梦想努力奋斗之后，上天会给你最好的回赠。

汗水与努力浇灌出的荣誉

在成杰老师的课堂上，我得到了灵魂的洗涤，智慧的升华，每一次绽放，都给我重生的感觉。我对我的咨询顾问说："以后，成杰老师每次开课都要通知我。我要在成杰老师的课堂上彻底绽放自己，改变自己。我还要夺取金灿灿的冠军奖杯。"

2012 年，春节刚结束，巨海第五期"总裁演说智慧"在上海开课，所有人都沉醉在新年的喜悦之中，我带着对新一年的憧憬和期盼再次来到成杰老师的课堂上。

毫无疑问，我是冲着奖杯而来的，我对自己说：如果拿不到奖杯，你就跳到黄浦江里洗个冷水澡。

我期盼在新年喜悦还没有消退的时刻，一年的好运能够从课堂上开始。课堂上，我依然积极主动，只要有机会，我仍旧第一个冲上讲台分享。成杰老师说，"舞台是抢来的"。在抢台的过程中，我不断地突破自己，锻炼自己。

我放下身段，向身边优秀的学员虚心学习演说技巧和经验，因为我知道，当一个人真正把自己放低之后，才能够快速吸收知识。

在课堂上，我满怀激情地跟成杰老师练习演讲，我模仿着他的表情、手势，字正腔圆，充满大气，我学得认真投入。

上天是公平的，它不会亏待每一个人，不管你是聪明的人，还是愚蠢的人，不管你是富人，还是穷人，它都会在你努力之后，给你丰硕的果实。我的努力，我的态度，让我在演讲比赛中，顺利进入决赛，最终获得亚军。

当我从成杰老师手中接过奖杯的时候，我无比激动，流下了泪水。每一次生命的绽放都是在加倍努力之后，如破茧成蝶，沾满了奋斗与拼搏的汗水和泪水。

当我手握奖杯高高举起的瞬间，突然感觉手中的奖杯是那样的沉重，它有着太多的意义，它不仅是我学习公众演说以来取得的成果的见证，更是我面对贴沙河刻苦练习的回赠。它是一种鼓励，更是一种鞭笞，在练习演说的道路上，它将激励着我，创造更多辉煌。

此次演讲比赛中，获得冠军的是一位教育培训界的老师，他从事教育培训十多年，在演说方面是一位专业人士。我从不会演讲、不敢演讲到敢于上台演讲，并且在演讲比赛中获得亚军，只用了一个月的时间。在这一个月时间内，我的成长来自成杰老师的课程，我改变的根源依然来自成杰老师的课程。我相信有一天我一定能站在光彩夺目的讲台上。

参加完第五届“总裁演说智慧”培训课程之后，我回到了杭州。每天早上，我依然来到贴沙河边练习演讲。伴随着日历一页页翻过，我练习演讲已经进行了 120 多天。在这期间，多少次起床之后，看到雨雪和严寒，我有过放弃的想法。可是，当我把右手放在左手中，相互温暖的那一刻，我说：你不是要成为一名超级演说家吗？你不是想成为像成杰老师那样的人吗？要改变，就要学会自己温暖自己，自己鼓励自己，自己给自己信心与信念。于是，重整心情之后，我冲向贴沙河继续练习演讲。

我要对我的人生负责，在过去的 30 多年的岁月中，我没有完成生命的绽放，没有领悟到生命的意义。现在，因为一本书、一堂课、一个人，我开始改变。决定改变的时候，我应该有无穷的能量，强大的内心。获得演讲亚军之后，我变得更加自信。我经常组织店长们进行培训，我把在成杰老师课堂上学到的管理经验、经营技巧，以及做人处世的方法分享给他们。一位员工听了我的培训后，来到我的办公室说："秦总，你学习演讲这么长时间了，给我们做培训也这么好。我有一个朋友，他开了一家美发店，你给他们也做一场培训吧！"

这是我学习演讲以来，第一次被人邀请做培训，我感到非常高兴，成杰老师说，"学习是智慧的升华，分享是生命的伟大"。成杰老师还在其独创的"生命智慧的十大法门"中说，"生命的意义在于传道分享"。人生唯有分享，才能获得快乐和幸福，才能实现生命的意义和价值。于是，我欣然答应，问道："要培训多长时间？"

他说："两天。"

我笑着说："要做两天培训，我怎么可能有时间。"

其实，不是我没有时间，而是我的演讲水平还不能支撑着我持续讲两天的课程。

我又说："那就讲一天吧！"

他问道："收多少钱？"

我诧异地说："还要收费吗？"

我学习演讲，还从来没有想过，有一天可以利用演讲挣钱。

他说："收，当然要收。"

我说："算了，不收费了。"

他说："那怎么能行。"

我说："那你去和你的朋友谈吧！到时候，我分给你一半的费用。"

离开我的办公室时，他又补充说："我的朋友非常崇拜你，如果让你去给他们讲课，他一定非常高兴。"

没过多长时间，这位员工和对方约好了讲课时间，并带回8000元定金。

在培训中，除了分享成杰老师所讲的内容之外，我还加入了自己的亲身经历和感受，店员们听得很投入。他们的情绪随着我演讲内容的变化，时而激昂，时而忧伤，时而兴奋，时而疯狂。

培训取得了良好的效果。几天后，隔壁一家酒吧的老板经过美发店时，特别惊奇，以前店里的员工整天无精打采，毫无激情，最近像打了“鸡血”一样，个个精神抖擞，斗志昂扬。

店长说：“我们刚做了一场培训。”

酒吧老板问：“是哪位老师做的培训，这么厉害？”

店长说：“秦以金老师。”

后来，酒吧老板邀请我为他的员工也做了一场培训。培训结束，他非常满意。

做完两场培训，不仅增加了我的信心，还坚定了我学习公众演说的决心。我越来越感到公众演说的重要性。

第六期“总裁演说智慧”培训班在杭州开课，我毫不犹豫地参加了。听成杰老师讲课，每一次都有不同的体验，每一次都有不同的震撼。反复听，是一种享受，是心灵的洗涤。

在成杰老师的课堂上，学员们以绽放的姿态完成生命的华丽蜕变。不爱学习的学员，通过成杰老师的课程，变得热爱学习；脾气不好的学员，通过成杰老师的课程，变得性情温柔；夫妻关系僵化的学员，通过成杰老师的课程，变得和睦融洽。

成长在潜移默化中完成。当我反复学习成杰老师的课程之后，我突破了学习公众演说的各种阻碍，学会了公众演说的诸多技巧。

在此次课堂上，成杰老师对在场的所有企业家学员说，他要在 2018 年，巨海集团成立十周年的时候，在北京鸟巢举办十万人的公益演讲，为中国慈善事业捐款一亿零一元人民币，届时会邀请华人首富李嘉诚、国际巨星成龙和李连杰等重量级嘉宾出席。

“我要在一个月的时间内与您同台演讲，我要在十万人的鸟巢演讲会上与您同台演讲！”我说道。

成杰老师说：“以金，你一定可以的。”

成杰老师的话给予我极大的鼓舞，让我的自信心再一次高涨，让我明白：无论有怎样的梦想，梦想有多么遥远，经过努力拼搏之后，都会实现。

结 语

“人总在小小的满足中证实自我的存在，从而更加努力。”感谢成杰老师，感恩巨海。在结缘成杰老师之后，我的人生中处处存在着满足感与成就感，当这两种感觉频繁出现之后，我清楚地认识到我在成长蜕变。

梦想需要大声说出来

我很庆幸，在人生中，能够遇见成杰老师，是他的智慧改变了我，他的学识感召了我，他的善举影响了我。我能够发生改变，退去一身的“匪气”和“恶习”，应该感谢成杰老师。成杰老师让我的视野更加开阔，格局变得更大，思想得到升华，我骄傲地对成杰老师说：“我要超越您，您用 10 年的时间成为现在的自己，我要用 3 年的时间达到您现在的水平。”

成杰老师对我充满希望，充满鼓励地说：“只要用心，就有可能；只要开始，永远不晚。”

记得成杰老师说：“境界上去了，问题就没有了。”当一个人因为小事斤斤计较，那么，他的境界将停留在初级阶段。

在学习中，我摒弃了小我思想，学会了放下，学会简单，学着不计较。我遵循老师的教诲，听话照做，绝对服从，我像是一个 3 岁的孩童，完全放下了自己的傲气，听命于老师。

我的心态发生了巨大的变化。之前，如果有员工不听从我的管理，我会大发雷霆，甚至辱骂员工。自从我走进成杰老师的课堂之后，我的性格发生了巨大的变化，再也没有辱骂员工的行为。

之前，如果我被别人骗了，我会想尽办法打击报复。现在，我学会乐观接受，原谅对方，懂得了“吃亏是福”的道理。

之前，开车遇到堵车，我会非常着急，现在，遇到堵车的情况，我会听一段音乐，舒缓情绪，心情就会变得平和。

之前，在高速路上开车，有车超过我的车，我会加快速度，超过对方。现在，我学会了谦让。

没过多久，成杰老师的课程“新商业领袖智慧”研讨会在杭州召开，我如期参加。课间，成杰老师对我说：“以金，你跟我学习公众演说已经有段时间了，我给你 15 分钟时间，你上台做一次分享。”我说：“老师，15 分钟，太长了，我怕不行。”

“那你需要多长时间？”

“给我 10 分钟吧。”我说。

虽然我的演说水平已有很大提高，但是，因为肚里没“货”，讲不出内容。分享十分钟，对于我来说，已经是极限了。

分享结束，学员反响特别好，老师对我的分享也很满意。

课程结束后，第七期“总裁演说智慧”培训班紧接着在成都开课。成杰老师问我：“以金，成都马上要开课，你要去吗？”我毫无思索说：“去。”我订了机票，随同成杰老师一起飞往成都。

成杰老师说，“跟随才能获得精髓，长随才能获得真髓”。只有跟随老师，才能获得更多的智慧，才能受他的影响，改变自己。

在飞机上，本想和老师聊一聊，吸收他的智慧，但让我意料不到的是，老师进机舱后就开始看书、写作、修改课件。老师专注的姿态，让我不忍心打扰。我坐在一旁偷偷观察，心中的敬畏感与崇拜之情不禁油然而生。

我万万没想到，像成杰老师这样成功的企业家，还如此热爱学习，就连乘飞机都争分夺秒地看书，回想自己之前从不学习的生活，我惭愧得无地自容。与成杰老师相比，我突然感到自己的渺小，而老师却又是那样的伟大。

我应该向老师学习，随时随地拿起书本学习。“榜样决定人生，偶像决定命运”，有什么样的榜样，就会影响我们成为什么样的人。我以一位伟大的演说家为榜样，我坚信，将来的某一天，我也会成为伟大的演说家。人生要多树立几位榜样，用榜样的力量影响自己，向榜样学习，汲取智慧，武装自己，才能够成为强者。

从第三期“总裁演说智慧”培训班到第七期“总裁演说智慧”培训班,我已经参加了四期,从第一次参加课程的懵懵懂懂，到今天的大彻大悟，我像是一朵花，从含苞未放到彻底绽放。

或许，命运是一个谜，许多人深迷其中、失去方向，过着碌碌无为、蹉跎岁月的生活，突然有一天，一位智者出现在你的生命中，如同伟大的传教士，驱散你内心的迷茫，引导你走向更宽阔的天地，让你明白为何而生，这便是“顿悟”。如果不曾遇到成杰老师，我可能一直都是那个玩世不恭的浪子，过着没有价值、没有意义的生活。

在第七期“总裁演说智慧”课程上,我萌发了一个梦想——拜成杰老师为师。

成杰老师的入室大弟子是国际功夫巨星陈天星，我要成为成杰老师的第二个弟子。或许我与老师选择弟子的标准相差甚远，或许老师暂时不打算收徒，但是，当我有了这个梦想之后，我就要为这个梦想而努力。

如果能成为成杰老师的弟子，跟随老师的步伐将更近，我要成为像老师那样的演说家的梦想也会更近一步。

在此次“总裁演说智慧”课堂上，成杰老师让各团队分享自己梦想的时候，我把这个梦想隆重地分享给团队的成员们。

我们团队里有一个叫刘琳的学员，她和我互动的次数较多，当她听到我的梦想之后，说:“为什么不让成杰老师知道这个梦想呢！”

我说:“不敢说。”

“怎么会不敢说呢？我替你说。”

刘琳是一个胆大的学员，她洒脱的个性让我感受到她的豪爽与真诚。她冲上讲台，拿过话筒，当着全场的学员说:“成杰老师，我们团队有一个请求。”

成杰老师说:“你说。”

“我们团队中从杭州过来的企业家队员秦总想拜你为师。你收不收？”她以质问的口吻说。

她的言语不仅让我感到吃惊，还让成杰老师感到惊讶。我看到成杰老师的表情由喜悦变得严肃，然后十分认真地说："我知道了。一切要看缘分，时机还没到。"

刘琳失望地走下讲台，我对成杰老师的委婉拒绝也感到失望，但是，这样的结果也在我的预料之中。

我自我安慰：老师说一切看缘分，时机未到，也许过段时间缘分就会到了。

我想：成杰老师此时没有收我为徒，在我努力与诚挚的请求下，彼时，老师一定会给我一个满意的答案。我现在要做的是：努力学习公众演说，让成杰老师知道，我学习公众演说的决心和信心。此刻，我非常感谢我的队员刘琳，她说出了我的梦想。

课程结束之后，我随同成杰老师来到巨海成都分公司。成杰老师为巨海成都分公司做了一个上午的智慧分享。中午，我和成杰老师与巨海成都分公司总经理严华共进午餐，就餐期间，老师说："秦总，昨天听刘琳刘总说你想拜我为师，是她的想法，还是你的想法？"

我急忙放下筷子说："当然是我的想法。"

成杰老师严肃而又认真地说："拜我为师不是不可能，不过，你要先做 101 场演讲。"

我顿时感到拜师有望，于是，拍着胸口说："没问题。"

"是免费演讲。"成杰老师故意强调"免费"两个字。

我再次非常高兴地说："没问题。"

成杰老师接着说："到成都来免费演讲 101 场。"他又故意强调了"成都"两个字。

“这个……有问题。”我说，“成都离杭州太远，免费演讲101场，不是一两天的事情，我要考虑下。”

“考虑多久？”成杰老师紧接着说。

“一个星期之内，我给老师答复。”我说。

我是一位企业家，我的企业在杭州；我是一个儿子，我的父母在上海；我是一个丈夫，我的妻子在杭州；我是一个爸爸，我的儿子在杭州。到成都免费演讲101场，我要慎重地考虑一下，因为父母离不开儿子，妻子也不想离开丈夫。我更不想离开我的宝贝儿子。

结 语

如果没有拜成杰为师的决心，如果没有到成都做101场免费演讲的信念，我可能不会有以后的蜕变，也不会成为成杰老师的嫡传弟子。选择跟随成杰老师，成为成杰老师的弟子，是我此生最明智的决定。正如成杰老师所说：“人生的蜕变在于真正决定。”

拜名师，交贵友，遇高人

跟随成杰老师的过程，给我带来无数次的感动和心灵的震撼，风雨成都风雨路，101 场免费演讲，不仅是对我学习演说的决心的考验，更是对我演说能力的锻炼。为父亲洗脚，让我真正明白了成杰老师的话，“体验到的才是真实的”，由此，我更能体会父母的辛苦与不易，从而更加孝顺父母。成为成杰老师的弟子，是我的梦想，梦想成真的那一刻，我的内心充满感恩。感谢恩师，让我的生命发生改变；感谢恩师，让我明白生命的真谛；感谢恩师，让我遇见美好的自己。

为梦想行动，迎接一路的风风雨雨

回到杭州后，我陷入思考中。我为成杰老师让我去成都免费演讲 101 场的事情而忧心忡忡，我在揣摩成杰老师的心思，他是要考验我的毅力和一颗拜师的决心？还是以此为借口，拒绝我拜师的诚心？

拜成杰老师为师是我的梦想，如果因家庭和工作放弃了我拜师的梦想，那么，我会终生遗憾。

在人生的路上，有许多选择，出于本心，每个人都会做出利己、不违背大众意愿的选择。选择成杰老师为师，对于我来说，只有此次机会，一旦错过，我的人生将不会再有跨越，将不能发挥最大的价值。

6 月 22 日—24 日，成杰老师的课程“纵横天下”在上海开课，我再次来到课堂上。

6 月 24 日晚上，当课程结束之后，我找到成杰老师，对他说：“老师，我决定到成都做 101 场免费演讲。”

成杰老师惊奇地望着我，我的决定出乎他的意料。

“什么时候出发？”他问道。

“今天晚上。”我说。

成杰老师不敢相信，再次问：“今天晚上就走吗？”

我说：“是的，吃过晚饭就走。”

这天晚上，我并没有出发，因为，在走之前，我要把公司和家庭事务安排好。我回到杭州已经是半夜12点多，我必须休息一下，才有精力开车去成都。几个小时之后，天微亮，我急忙起床，告别老婆和儿子，回到公司，把店长们召集在一起，安排好工作。然后，我又打电话开始说服父母。

做好父母的思想工作之后，我买了一箱方便面和几瓶矿泉水放到车上，驱动车子，向成都驶去。

杭州到成都，从地图上看，只有咫尺，而现实中却相隔千万里，沿途一共经过上海、浙江、安徽、江西、湖北、重庆、四川五个省两个直辖市。一个人，一辆车，30多个小时，五省两直辖市，这是我奔赴成都开启101场免费演讲所经历的一组数字，这组数字预示着这是一段充满激情与壮美的传奇之旅。

一曲《漫步人生路》，饱含多少豪情与壮志。这首歌或许最能表达我的心声。车行高速公路上，我感受到的是速度与激情，蜿蜒的道路延伸到远方，像一条长蛇。风由车窗吹入，温柔地吹散我的头发，我感受到了缕缕清爽。

一个人的远行感觉很好。但开到江西境内，我却没有这么好的感觉了，乌云直直压下来，像是张牙舞爪的狮子，张开血盆大口，准备吞噬地面上的一切。在风雨欲来的黑暗中，我打开车灯，降低速度，摸索前行。不一会儿，大雨倾盆而下，我再次降低车速，我紧紧抓住方向盘，集中精力，我的神经绷得非常紧。值得庆幸的是，路上车很少，我不用担心因为看不清道路而发生撞车事故。

长时间开车，容易犯困，而此时，我强打起精神，趴在方向盘上，睁大眼睛盯着前方，烟雨朦胧，豆大的雨滴打在车窗上，发出噼里啪啦的声音。此时，我的视力范围在 200 米之内，隐隐约约中，我看到服务区。转进服务区，停住车子，我拿出一袋方便面啃起来，然后喝两口矿泉水，舒舒服服地躺下来。十分钟之后，我醒过来，驱动车子，离开服务区。

当车开到景德镇的时候，大雨仍未停止，我的眼前一片朦胧，视野范围不及 20 米，我索性再次停住车子。此时，我不知所措，泪流了下来。我不断地反问自己：“秦以金，你这是要做什么，为什么路越走越长，信心却在递减，为什么犹豫、徘徊的情愫在你的内心增加，秦以金，你这样，值得吗？”

为了一句承诺，为了给自己一份满意的答卷，没有人逼我，也没有人给我足以诱惑的利益，我就这么千里迢迢开车从杭州去成都。我本可以坐在办公室里喝茶，或者躺在舒适的床上美美睡一觉，可是，我却在这样的滂沱大雨中遭罪。别人会说我傻、说我笨吗？会说我脑子进水了吗？

看着泥泞的道路，滂沱的大雨，我自己都认为自己太笨、太傻了。我擦掉脸上的泪水，掏出手机给成杰老师发一条短信：

“老师，我到达成都后，你会给我什么样的建议？”很快，成杰老师回复我12个字：“日日精进，夜夜沉思，天天反省。”如此简单的12个字，却道出了我成都之行的精进奥秘。而这个时候，我应该反省。

人生在许多时候就像射出去的箭，没有挽回的余地，只有勇往直前，不惧满路的艰难险阻，才能越过障碍，迎来光明。

我想起了周华健的歌曲《心的方向》，歌词中是这样说的，“带着一颗年轻的心，沿途装满着理想……”可是，秦以金呀，秦以金！你真的在沿途中装满了理想吗？你忘了你的梦想吗？风雨无阻在贴沙河边练习演讲128天为了什么？不正是为了梦想吗？如果放弃一往直前，如果畏惧暴风骤雨，那么，你还怎样面对责任与使命呢？

追逐梦想的道路上，无论有多少困难，都应该一如既往地坚持下去，直到把困难踩在脚底，只有藐视困难，困难才会变得渺小。

我平静了心绪，再一次选择了前方。

到达九江时，雨下得更大了，雨水混合着江水漫延到路上，10米之内已经看不见任何物体。我的车像是茫茫雨水中的一艘船，缓缓行驶在高速公路上，我的心脏在加速，恐惧涌上了心头。

我在无比恐惧中坚持了一个多小时，来到服务区，接了热水，美美地吃一碗热乎乎的泡面，我的心开始变得热乎，冰凉的肌肤也一寸寸温暖起来。我把车座放低，躺下来静静休息。外面的雨肆无忌惮地下，听着雨声，我像是在听一曲大合唱。

很快，我便在这大自然的乐曲中陷入梦乡。

人生从来没有真正的绝境。无论遇到多少艰辛，无论经历多少苦难，只要心中还怀着一粒信念的种子，那么总有一天，会走出困境，让生命重新开花结果。

结 语

成都之行，似乎是上天有意安排的风雨，考验我的一颗虔诚之心。我坚持了下来，走完了这条风雨路。生活的苦难，每一个人都须面对。开始就选择逃避的人，注定会失败。成功路上最心酸的是要耐得住寂寞、熬得住孤独，总有那么一段路是你一个人在走，一个人更要勇敢和坚强。“眼前多少难甘事，自古男儿当自强”，正是自强精神，让我跨越人生的种种困难。

挑战自我，免费演讲101场

人们常说："不经历风雨，怎能见彩虹。"经历风雨，迎来的便是晴空万里。

风雨过后，我看到日出日落的壮丽风景，太阳就像是贴在车窗上的笑脸，鼓励着我，照耀着我的前程。

我不禁大声喊道："看啊！我做着多么有意义的一件事。"从杭州到成都，一路要经历50多个隧道，每经过一个隧道，黑暗就会降临，待穿越隧道，光明就会到来。这难道不像人生吗？人生不会一帆风顺、事事顺心。在漫长的人生旅途中，必定会经历困难，当困难到来的时候，或许会感到痛苦、害怕，但当黑暗渐渐消失，迎接光明的一刹那，你就会看到希望的曙光。无论生命中有多少黑暗的时刻，我们都应该调整心态，以顽强的姿态，迎接生命中的各种挑战。

置身苍穹下，一个人的夜晚，万籁俱寂。我打开音响，听净空法师的《和谐拯救危机》，听他的演讲，如沐佛光，心澄自然，我的内心便收获一片祥和与平静。也许，这种远离繁华，远离浮躁，飞奔在追逐的道路上，才是生命的本源。或许，静寂的夜空之下，才隐藏着大智慧。

我再次想起成杰老师送我的十二个字“日日精进，夜夜沉思，天天反省”。生命是一次远行，假如把杭州当作我的出生，那么成都就是我重生的开始。

沉思获得思想，领悟生发智慧，一路的风风雨雨，我悟出两个词语“礼敬”和“融心”。中国是一个礼仪之邦，“有礼走遍天下，无礼寸步难行”，有礼，祖国才能和谐，人与人之间才能互相尊重。做企业要“融资”，打造团队要“融心”，员工们心至一处，才能攻无不克。

我将在 101 场免费演讲上，详细讲解“礼敬”与“融心”。我要全心全意服务巨海的客户。我要让客户听了我的课程之后，有心灵的震撼，有学识的精进，有智慧的生发。

我要亲身示范，点头、微笑、鞠躬，用“礼敬”的文化内涵影响身边每一个人，尊敬每一个人，以礼对待每一个人，换得“融心”的效果。

一路上，我像是黑暗中的萤火虫，自带着一盏灯，照亮前进的路程，也照亮黑暗中的万物，在通向希望与光明的道路中，我为成长而努力，我为梦想而奔波。

6 月 27 日凌晨，我到达成都。成都巨海分公司严华总经理、严海总监、李然总监、李玉琦接待了我。他们为了迎接我，一夜没有合眼，看到他们布满血丝的眼睛，我非常感动，流下泪水。

结缘巨海后，我有太多感动。以前，我总以为自己的心是一块石头，坚硬而又冰凉，没有太多柔情，也没有太多温暖。当跟随成杰老师发生蜕变后，我的心变得柔软、善良，变得敏感，我时常因为感动而流泪，泪水柔化我的心，让我的内心更加慈悲与善良。

到达成都后，我的心情变得无比兴奋和激动，像经历艰苦跋涉后，完成了一项重大任务，所有疲惫就在顷刻间烟消云散。

他们忙前忙后，为我安排住宿，我高兴地和他们分享一路的传奇经历。

因一路劳苦奔波，我本打算休息一天，再去成都巨海公司，但是想到成都巨海家人们带给我的温暖与感动，当天早上，我撑起疲惫的身体，早早来到巨海成都分公司，我要为 101 场免费演讲做好准备。我想尽快投入工作，为成都巨海的客户服务。

6 月 27 日中午，我向成都巨海的家人们分享了一路的经历、感悟、收获，家人们聚精会神地听我的分享，感受我一路的风雨，一路的传奇，我说：“一路风雨是我成都之行决心的考验，做 101 场免费演讲更是我生命成长的考验，经历这些人生的考验，我的人生将更加精彩，我的生命将提升到一个新的高度。”

没过多久，一通电话正式启动了我的 101 场免费演讲。在电话中，我听到了一个熟悉的声音：“第一场培训从我这里开始吧！公司里几十号员工，我已经召集齐了，就等着你来了。”电话是王伟打来的，他是我参加第四期“总裁演说智慧”培训班的同学。从巨海的家人那里，他得知我要在成都免费演讲101场的消息，于是，急忙召集员工，跟我联系。

王伟是四川恒飞机电设备有限公司董事长。在成杰老师的课堂上，他见证了我的成长，因此，对我的演讲充满期待和信心。我做好充分的准备，迎接第一场免费演讲。

得益于之前的培训经验，我把成杰老师的课程“从优秀到卓越”的知识系统起来，结合老师的演讲精华，分享给学员们，从执行力、团队打造、感恩奉献等多个方面展开，以自己的成长发展故事为主线，讲述了不同阶段的精进历程。

我的演讲对他们的触动很大。演讲现场，许多员工流下眼泪。王伟走上讲台，对我鞠躬表示感谢，尊称我为“秦老师”。“老师”这个称呼让我受宠若惊，同时，也让我备加感动，我告诉自己要对得起别人的信任，对得起称我为老师的人。

“老师”这个称谓对初中毕业的我来说重若千斤。我深知我离一位合格的老师还相差甚远，不过，我会努力成为一个好老师。我的分享之所以能够给学员带来感动，源于成杰老师的影响和教导，是成杰老师让我拥有更多的感动和爱，让我的内心更加纯洁与无私。

结 语

101场免费演讲的顺利进行，意味着我拜成杰为师的梦想在一步步实现。当我作为一名讲师，站在讲台上，我才真正地感受到教师的崇高，教育培训行业的伟大，才真正明白生命的价值与意义，真正明白成杰老师在其“生命智慧的十大法门”中所说的“生命的价值在于普度众生”。在这个世界上，没有哪个行业比教育培训行业更能帮助人，更有意义。

感动于心，慈善是付诸行动的爱

在人生的道路上，每一份感动，都是心灵的升华，每一份善举，都是表达爱的最佳方式。

在过去的30多年的人生中，我不曾做过一件轰轰烈烈、能称为“慈善”的事情。而结缘成杰老师后，一颗慈悲之心，一种利众之情，从成杰老师身上传承到我的身上。

2012年9月18日，正值成都“总裁演说智慧”课程结束的第三天，我和成杰老师、闫敏老师驱车来到一个神秘的地方。

这天，细雨朦胧，万物清新如洗，苍穹之下像蒙着一片薄纱，隐隐约约给人一种神秘感。

我们的车在山间飞驰，路却盘绕着山，像是一条蜿蜒的长蛇。我作为驾驶员，面对四周巍峨的群山，以及蜿蜒的公路，有一种新奇而又欢快的刺激感。

在蜿蜒的山路上，车飞快地奔驰着，直到前面没有路，车便在山间停下来。我和成杰老师、闫敏老师走下车，阵阵清香立刻扑鼻而来，让人顿时神清气爽，放眼望去，雾霭沉沉，远处山头若隐若现，犹如仙境。

步行在泥泞的山间小路，一步一滑，踉踉跄跄走了半小时。在一处小河旁，我们看到从山腰走来，并频频向我们招手的西昌市开元乡希望小学校长。他面带微笑，步伐稳健，远远地就已经伸出手，待走到我们面前，他紧紧地握住成杰老师的手。

在课堂上，我通过视频了解山区孩子贫困的生活状态，却从没真正见过。今天，在群山耸立间，终于要见到他们，我的内心充满着喜悦与激动。

校长带领我们来到学校，当破烂不堪的校舍映入眼帘的时候，我的心猛然一颤，泪便在眼眶打转，大城市的校舍，大多是整齐的楼房，而这些用木板搭建的棚子，怎能称为学校呢！

这一刻，我终于明白成杰老师的无私与伟大，明白他的博爱与仁慈。

这一刻，我放下所有值得骄傲的物质条件与精神荣誉，把自己当作贫瘠土地上的一棵小草，用心感受着一方土地的肥沃。

这一刻，我的心与这里紧密联结在一起，千丝万缕，难以割舍。

我协助成杰老师把书包捐赠给孩子们，看到他们拿着新书包，露出灿烂的笑容，我的内心产生一种强烈的幸福感。他们的天真无邪，他们的灿烂纯洁，深深烙在我的心里。

开元乡是一个彝族群居区，这里的孩子大部分是彝族儿女。听随同的教育局领导说，学校里有十几个孩子的父母已经不在人世了，孩子们跟着爷爷奶奶一起生活。他们之中小的仅仅 7 岁，大的也只有 13 岁，生活贫困可想而知。

这是一方安静的地方，有着贫瘠的土地，同时，也有着让人难以忘怀的贫困。看到这个地方，我更加理解成杰老师。他曾经在如此贫瘠的地方，在如此破败的校舍里度过他的童年、少年。

我以为只有自己的童年和少年时期才被贫困笼罩着，看不到希望与前程，却万万没想到，在这个地方，成杰老师的故乡，有着更加贫困的孩子。我想象不到少年的成杰老师，有多么坚定的梦想，有多么强大的内心，才能冲破群山的束绑，冲破命运的束缚。

此时，我更加理解成杰老师的经营哲学——“利众者伟业必成，一致性内外兼修”的价值与意义。

在没有父母的孩子中，一个小女孩引起我的注意，看到她的第一眼，我的眼泪夺眶而出，她很像我妹妹小时候。我来到她身边，问道：“小妹妹，你最大的梦想是什么？”她显得有些羞涩，低下头，好长一会儿，说：“好好学习，走出大山。”我一阵惊愕，低下头来，擦去眼泪。我本以为她会说一些宏伟的理想，却没想到她的梦想是那样的纯粹与简单。我仰望大山，长叹一口气说：“我相信你，你会实现梦想的！”

当我说决定每个月资助她，直到她完成学业时，小女孩哭起来。我不知道她为什么哭，但是，我知道在她的心中有一份爱，一份感动！她叫杨五甲，这一年她 11 岁。

成杰老师说，“关心孩子，不只是经济上的支持，还有心灵和情感上的关爱”。是的，他们需要心灵的抚慰，需要爱的力量，需要恐惧时的一声鼓励，需要勇敢时的一声赞许！

2001 年，这个怀揣梦想从大山深处走出来的年轻人，这个经历诸多困苦，品尝无数冷嘲热讽，从一名摆地摊的小贩到一名演说家的成功人士，这个勇闯上海滩，发愿用毕生时间和精力捐建 101 所希望小学的慈善家，他的努力与奋斗让多少人为之震撼，他的蜕变又让多少人感到匪夷所思，他的胸怀和格局又是多少人所不能企及！

2011 年，因缘际会，得遇成杰老师，而后，能够跟随他，学习演说，提高智慧，改变心性，这是多么难能可贵的一件事！

我们在学校停留了 3 个小时，要离开的一瞬间，我突然依依不舍。望着身后破旧的教室与已动工建设的教学楼，我的内心充满欣慰。

谢谢您，成杰老师，是您让我看到了这里的真实境况，看到了孩子们的可爱面容。

谢谢您，成杰老师，是您让我的心灵得到了一次洗涤，收获了爱与感动。

谢谢您，成杰老师，是您让我看到了一位智者的伟大，我将终生跟随着您。

走在山腰，我一个踉跄坐在了地上，手上、屁股上沾满泥巴。我说:“老师，给我拍一张照吧！”我握着拳头，露出灿烂的笑容，我的身后是破旧的校舍楼，我用留影纪念这次到来。

别了，大凉山深处的孩子们；别了，你们的纯真，你们的灿烂，你们的可爱；别了，美景如画的群山，脚下的一方厚土。

我挥手告别。

结 语

慈善是阳光，驱走人间的寒冷；慈善是雨露，洗涤人间的尘埃；慈善是一盏灯，照亮人间的阴霾。因为慈善，我被感动、震撼着，因为慈善，我更加敬仰伟大的成杰老师，是他的善举影响我、感召我。我发誓终生加入巨海的慈善事业中，帮助他人、成就他人。

体验到的才是真实的

成杰老师的家乡坐落在大凉山深处。下山后，成杰老师提议晚上住在他家，我欣然答应。在成杰老师的指引下，我开车向他的家乡驶去。路上依旧群山环绕，清脆如黛，成杰老师指着路旁巍峨的大山，讲述山的名字及名字的来历。

成杰老师指着一处山坡自豪地说："小时候，我从山脚骑自行车到达山顶，全县没有一个人能够做到，我是第一人。"

成杰老师沉醉在儿时点滴的记忆中，脸上泛起笑容。我想象身边这个事业有成的男人，他衣锦还乡的欢喜是多么浓烈，他时时刻刻埋藏在心底的乡情又是多么浓厚！

在到达成杰老师家所在的村庄后，我想：老师事业有成，他家的房子一定是全村最漂亮的。于是，路过一处漂亮的房子，我说："老师，这是你家吗？"成杰老师说："还要往里面走。"又路过一处漂亮的房子，我再次问道："老师，这是你家吗？"老师说："不是。"又路过几座新房，我们在一处新房停下，老师说：“到了。”

下车后，我径直向新房走去，成杰老师急忙拦着我说：“这座房子不是我家，我家在后面。”我跟着成杰老师绕过新房，走进一处农家小院，这儿有一座破旧的泥巴房，四周被篱笆围着，泥巴房旁边有一个用来烤烟的大烟囱。成杰老师说：“这就是我家。”

我顿时愣住了，心中充满疑惑：这真的是成杰老师的家吗？让我无比震惊，并确信无疑的是：眼前这座泥巴房的确是成杰老师家的房子。因为，在我们进入院中的时候，成杰老师的母亲已经迎了出来。

我不禁想，这位事业有成，在讲台上大放光彩的演说家，在捐建两所希望小学后，自家的房子却如此破旧不堪，这位用演说改变无数人命运，影响无数人，帮助无数企业成长的演说家、企业家、慈善家，为他人无私奉献，自己却如此朴实低调。

在这次西昌之旅中，我更加感受到成杰老师的伟大人格与宽厚仁慈的胸怀。

夜宿成杰老师家时，发生了一件让我终生难忘的事情，这件事深深震撼着我，影响着我，也影响着我的家族。

那天晚上 9 点多，在客厅看电视的我突然感到口渴，便去厨房找水喝。厨房建在院子里，紧挨主屋。我轻轻推开厨房门，透过门缝，在昏黄的灯光下，我看到两个身影，于是，禁不住仔细看，却看到成杰老师跪在地上给他的母亲洗脚。顿时，我像被电击了一样，呆呆地站立着，很久，没有发出任何声音，我的心却在剧烈跳动，思绪万千。我不停地问自己：“为什么，在我心里那么高大，那么神圣的一个人，竟然跪在地上在给自己的母亲洗脚？为什么，站在讲台上，光芒四射的一个人，能够虔诚地跪在地上给自己的母亲洗脚？而我在 30 多年的人生中，从来没有给父母亲洗过脚，甚至连一句关心的话语都没有说过，我是多么的惭愧呀！”

我轻轻返回卧室，躺在床上，成杰老师为母亲洗脚的画面不断地出现在我的眼前，我的泪顺着脸颊流下来，心中却生出许多自责与忏悔。30 多年来，我对父母的关心太少太少，而在父母的眼中，我永远是那个桀骜不驯、玩世不恭的“公子哥”。

第二天，离开大凉山，乘飞机时，我再也忍不住，问道：“老师，你为什么要那样做？”

“体验到的才是真实的。”成杰老师简单地回答。这几个字却深深地烙在了我的脑海中，我闭上眼睛，双手合十，默念“体验到的才是真实的，体验到的才是真实的……”

是呀，在人生的道路上，唯有体验，才能真正地理解，什么是生活的原汁原味，什么是酸甜苦辣的真切感受。这次成都之旅，遇到的每一个人、每一件事，都让我难以忘怀，都让我感动与震撼。我感受到成杰老师的爱，看到他的孝，更收获了一句智慧的话语——“体验到的才是真实的”。我发誓要像成杰老师那样，去体验生命中每一个感动的瞬间，体验为人子尽孝心的每个细节，我发誓要像成杰老师一样，激发每一个感官，真真切切感受人世间的真情，体验其中的爱与感动。

2013年的大年三十，我决定要做一件重要的事情，第一次尝试做这件事，需要勇气。这天晚上，我没再像往年那样约上朋友去KTV、去酒吧玩通宵，而是花了两块钱买了一张红纸，写上“2013年家庭感恩联欢晚会”几个大字，贴在客厅的墙上。然后，接一盆水，端起来，犹豫一阵儿，倒掉，再接满一盆水，犹豫一阵儿，再倒掉，如此反复六次，我对着镜子中的自己说：“秦以金，你不是要做真实的自己吗？你不是要做那个‘做自己所说，说自己所做’的人吗？你不是要像成杰老师一样去体验吗？你连这样的勇气都没有，你太胆小，太懦弱！”我鄙视镜子中的自己。

在自我激励后，我再次鼓起勇气，端起水盆。我突然感觉水盆是那样的沉重，似乎里面不是水，而是一个父亲与儿子共同走过的30多个春秋。父亲正坐在沙发上看电视。我缓缓来到父亲面前，把水盆放在一旁，跪下来，脱掉父亲的鞋子，捧着父亲的双脚放在水盆里。在捧起父亲双脚的那一刻，我泪流满面，我感觉捧着的不是父亲的双脚，而是一个儿子对父亲30多年来深深的忏悔。

“父亲，对不起，在这30多年来，您的儿子没有追求，没有梦想，找不到真实的自己，蹉跎了岁月，浪费了时间……父亲，对不起，在这30多年来，您的儿子没有好好关心您和母亲，没有好好照顾家人，我不是一个好儿子，没有尽一个好儿子该尽的孝心……父亲，对不起，在这30多年来，您的儿子，没有好好地对待每一天，没有做一个让您和母亲骄傲自豪的孩子……”此刻，我哽咽了。

摸着父亲满是茧子的双脚，看到父亲双腿的疤痕，我看到一个农村父亲的艰难。在抬起头的那一刻，看到父亲老泪纵横，我亦泪如雨下。

父亲摸着我的额头说：“儿子，你变了，变懂事了，你长大了……”

“体验到的才是真实的。”当真正体验之后，我才明白，父亲有多么的不易，走过了多少困苦的岁月，而当我伸手触摸父亲脚底板的一刹那，我真正明白了父亲伟大的一生。

“好的传统是容易世袭的。”随着时间的推移，2015 年，当我再次给父母洗脚的时候，我的儿子跑到洗手间，端出一盆水，对我说：“爸爸，我要给你洗脚，我要给奶奶洗脚，我要给爷爷洗脚。”听着儿子稚嫩的声音，我的脸上露出灿烂的笑容。

2012 年年末，我加入巨海之后，发现成杰老师早已把孝道文化引进到企业文化建设中，巨海的员工每年都会给父母洗脚，尽一份孝心。

路是脚走出来的，当我触摸到父母的脚底板之后，才真切地感受到父母走过的岁月。

结 语

《劝孝歌》中这样说道，“慈乌尚反哺，羔羊犹跪足。人不孝其亲，不如草与木”。孝道是中华民族的美德，也是自我道德修养的根本。从成杰老师身上，我体会到了孝道的伟大，也感受到了成杰老师的人格魅力。我爱我的父母，希望在以后的日子中，我能多陪伴父母，多尽孝道，也希望天下的儿女们，孝敬父母，让他们老有所依！

心想事成，拜师成杰

2012年9月12日，成杰老师来到成都，我去机场接他，我说："老师，你辛苦了"。他突然说："以金，你可以改口了。"我一愣，立马反应过来，叫了一声"师父"，他"嘿嘿"地笑了起来。

当第一声"师父"叫出口的时候，我内心充满感激。为了能够叫成杰老师一声"师父"，我做出极大的努力，花费了很多时间去历练，但是，这一天终于降临了。我想起刘琳站在讲台上帮我说出拜师梦想的情景，想起驱车从杭州到成都一路上的风风雨雨，想起成都101场免费演讲所经历的点点滴滴，泪流了下来。我终于通过了各种考验，成为成杰老师的合格弟子，我终于实现了我的梦想，成为成杰老师的第二位弟子。

在无比感动与激动中，我完成了101场免费演讲。站在令我重生的这座城市，我有太多的不舍，我鞠躬致谢，谢谢支持我的101个企业，谢谢关心我、爱护我的巨海家人，在这座美丽的城市里，你们见证了我的成长，见证了我的蜕变。

9月24日，在与成都巨海家人的一声声道别中，我驱车离开成都，归来的路，晴空万里，我依然驰骋在高速路上，感受着车窗外风的速度与景的流逝。恩师，我终于凯旋了，我完成了使命，实现了愿望，没有辜负您的期望。

9月25日，到达杭州之后，我产生了一个令所有人震惊的想法：在走过人生的36个春秋之后，我要加入巨海。

我的父母不理解我，他们以为我疯了，苦口婆心地劝我："好好的企业不做，好好的企业老板不做，为什么要去另一家公司上班？"我反而劝父母，说："你们的儿子找到了梦想，找到了人生的使命，你们不也是希望儿子幸福吗？"我安顿好家里的事情，安排好公司的一切。按照成杰老师所说"分钱分天下"的原则，划分股份，使公司高管享有公司分红的权益。然后，我把公司的管理工作交给我的好兄弟李春。9月26日，我驱车向上海出发。

一路上，风和日丽，阳光普照，我驰骋在高速路上，美好的明天向我招手，璀璨的人生向我迎来。

巨海，我来了，我带着梦想而来。

巨海，我来了，我带着一颗火热的心而来。

巨海，我来了，我带着对你的忠诚和敬仰而来。

加入巨海后，我开始新的成长、蜕变。每天早上，我都5点半起床，驱车28公里，第一个到达公司，然后，拿起书本朗读。日复一日的朗读，让我的声音变得更加有磁性。同事们说，每天早上来到公司楼下，都会听到我的琅琅读书声。

巨海公司有一支神奇的团队，叫"成长突击队"，他们中的成员每天早上 7 点到公司学习、精进。他们的口号是：早上 7 点到公司，轻轻松松涨工资。现如今，这支团队已经坚持了 2000 多天。加入巨海之后，我的学习态度深深影响和感染到成长突击队的成员。有一天，巨海集团上海分公司总经理贺兴兴对我说："秦老师，我们想聘请你做我们成长突击队的总教练。"

我开玩笑地说："我没做过总教练，倒是做过黑社会老大，拿着刀砍过人，你们还会让我做吗？"

出于对我的信任，恩师和上海分公司总经理贺兴兴一致推举我为成长突击队的总教练。作为成长突击队的总教练，我的身上增加了一份责任，我要起模范作用，要用更加勤奋的学习态度来影响他人，要用快速成长震撼身边的每一个人。

我坚持每天早上 6 点半之前到公司，风雨无阻，就连出差的当天，我都会在 6 点半点之前赶到公司，带领成长突击队的成员学习、精进。直到早会结束，我才匆匆忙忙向机场赶去。

在加入巨海之后的一段时间内，我跟随恩师在全国各地开课。恩师讲课，我站在他身后。我非常赞同恩师所说"站台"才能"出台"，"跟随"才能"长随"，"长随"才能获得"精髓"的道理。我模仿恩师的每一个手势，感受恩师强大的气场，对接恩师强大的能量，慢慢培养我的气场和能量场，锻炼我的洞察力。

恩师开始让我为台下的学员分享，5 分钟，10 分钟，30 分钟……我的分享时间在不断延长，演讲能力在不断加强。

在跟随恩师的过程中，我学会了"敢于付出"与"勇于付出"的精神。这种精神源于考察希望小学捐建的过程中，我明白了付出的重要意义，正如恩师所说："付出"才能"杰出"。

2012年12月7日，"感动感恩·巨海四周年庆典"召开的前一天，来自全国各地巨海家人的父母将抵达上海，参加巨海四周年庆典。我在凌晨5点驱车到上海的各大车站、机场接待巨海家人们的父母，一直忙到晚上12点半，才把巨海家人们的父母接到酒店，安顿好。

结束一天的工作，在极度疲惫与困乏中，我开车回家。到家时已经凌晨3点多，而短暂休息之后，天还未亮，我又开车离开家，向酒店驶去。

虽然在48小时内，我都没怎么休息，非常劳累也非常困乏，但是"付出"的精神支撑着我，为巨海服务的信念在强大我的内心。对于我来说，最大的快乐，最大的幸福就是把自己的力量奉献给巨海的每一位家人。

2012年12月8日，"感动感恩·巨海四周年庆典"隆重召开，迎接我的是一场期盼已久的拜师仪式。为了这一天，我足足等了336天，在336天里，我无数次想象着拜师的情景，无数次梦到拜师的情景。为了这一天，在漫长的等待中，我像一粒沙子百般磨砺，直到成为一颗珍珠。

拜师仪式开始，在300多位嘉宾的共同见证下，我虔诚地跪在恩师的面前，激动地端起拜师茶，这种难舍难分的师徒缘分注定是一辈子。

拜完师之后，恩师抓起我的手高高举在空中，当着全场嘉宾的面，饱含激情地说："从今天起，我多了一份责任。我要好好协助秦以金，争取利用 1 ～ 2 年的时间，把‘打造商界特种部队’这门课传授给他来讲。”

这一刻，我的内心充满感激；这一刻，我的内心充满自豪；这一刻，我的内心无比荣幸；这一刻，我发誓要成为恩师最优秀的弟子。

我暗下决心，一定不会让恩师失望，我要用 1 年的时间把“打造商界特种部队”课程完整地讲出来。

经过努力，我仅用了 6 个月的时间便从恩师手中接过了“打造商界特种部队”这门课程。第一次讲“打造商界特种部队”，我怎么都想不到，曾经站在台上演讲不到 5 分钟的我能够讲三天两夜，并且深深感动了在场的所有学员，得到了学员的一致认可与好评。

恩师在“一语定乾坤”的课堂上说：“一个人改变自己叫自救，影响他人叫救人。”我身体力行、知行合一，用“打造商界特种部队”影响他人、改变他人，这是多么有意义的事情，是多么引以为豪的事情，又是多么伟大的一件事情呀！

结 语

检阅已走过的 30 多个春秋，最令我激动，令我热血沸腾的事情，当属拜成杰老师为师。成为恩师的弟子后，我的人生发生了重大蜕变。成为巨海的一员，我发誓把生命交给巨海，交给恩师，我会在恩师的指导下，向善向上，遇见最美好的自己。

信任就是责任

诺贝尔文学奖获得者比昂斯腾·比昂松说："一个人越敢于担当大任，他的意气就越风发。"在巨海，我找到了自己的位置，找到了生命的归宿，我开始作为一个讲师，在全国各地讲授"打造商界特种部队"的课程；同时，在巨海6周年庆典上，我晋升为巨海副总裁。

在巨海这片肥沃的土地上，我如同一棵树苗，受恩师的浇灌，巨海的滋养，茁壮成长。感谢冥冥之中的缘分，让我和巨海的家人成为最好的战友、朋友，让我和巨海的家人一起携手并肩，共创辉煌。

打造商界特种部队，缔造完美人生

从成杰老师手中接手“打造商界特种部队”课程之后，我真正走上从事讲师的道路，我带着“打造商界特种部队”开始了我的教育培训生涯，一路走来，我希望能影响、帮助、成就更多人。

每一期“打造商界特种部队”课程的举办，对我来说都是一次人生的挑战。我希望每一期的演讲都会有所超越，每一期的学员都会发生蜕变。

随着“打造商界特种部队”课程的反复举办，我发生了巨大的变化。这些变化不仅是演讲水平的提高，课程内容的不断完善，我的心灵也发生了巨大变化。我越来越明白生命是怎么一回事，人生又是怎么一回事，在实现梦想的道路上我要怎样去做。

课堂上，当一个个生命发生改变，开始绽放的时候，我殷切地希望他们始终能保持在课堂上的绽放状态，找寻生命中最伟大的力量,实现人生的梦想。我会和他们一样,成为一名学员,我不仅是在教他们,还在教自己。我放空自己,摸着胸口说:“我秦以金,要做一位好老师,也要做一名好学生。”

当无数次被学员感动得泪流满面的时候,当学员感谢我的时候,我才明白,作为一名讲师,最大的动力,是看到自己的学员绽放生命,人生发生巨大的改变,以一种崭新的姿态生活,从而获得幸福和智慧!

讲授“打造商界特种部队”的过程中,发生了许多感人的事情,这些事情会成为我人生最珍贵的财富,留在我的记忆中。

两年前,巨海集团在银川举办了一次大型论坛,在这次论坛中,一位叫崔先景的女士听了我的课程后,心灵被深深震撼,于是,毫不犹豫地报了巨海的课程。当她掏出学费的时候,在场的所有学员都震惊了。她掏出的竟然是一大堆沾满油渍的钞票,且钞票的面额是 1 元、5 元、10 元不等。我的企业家朋友黄琴看到后说:“你把这些钱收起来,我来帮你刷卡。”一阵推辞后,黄琴帮她刷了卡。事后,我才了解到她只是菜市场卖饼的小贩,每张饼卖 1.5 元钱。

“打造商界特种部队”在银川开课,崔女士带着她的老公和儿子来到我的课堂上。当时,她的儿子只有 10 岁,学习成绩不好。她和公公婆婆的关系也不好,她从未带儿子看望过公公婆婆。

我的课程对她的触动很大。她在课堂上泪流满面,深深地忏悔,她说她应该有一颗宽容的心,无论发生过什么样的事情,都应该和儿子好好沟通，和公公婆婆好好相处。

上完课之后，她学会了放下，学会了接纳，学会了原谅。十几年来，她第一次去看望公公婆婆，并且是带着儿子去的。

她的儿子也发生了巨大的变化。一向不爱学习的儿子，开始热爱学习，一向懒惰的儿子开始变得勤快起来，并且每天早上 5 点起床，帮着她烙饼做生意，然后去上课，一直坚持了一年多。

“打造商界特种部队”再次在银川开课，崔女士和她的老公还有儿子，一家三口再次来到课程现场。第一天课程结束，已经是晚上 10 点多。一家三口睡到第二天凌晨 3 点起床，开始烙饼。他们为了感谢巨海，感谢每一位学员，决定请大家吃他们亲手烙的饼。一共有 400 多位学员，从凌晨 3 点到早上 7 点，他们只烙了 100 多张饼。第二天的课程快要开始了，他们只好把设备搬在酒店旁边继续烙。当他们烙完 400 多张饼，发给学员们的时候，学员们捧着热乎乎、香喷喷的饼，一个个热泪盈眶，和着泪水，咀嚼着饼，品尝到了一家三口的用心付出和爱。学员们的内心有说不出的感恩和感动，他们纷纷掏出钱交给这一家三口。一家三口拒绝收钱，但学员们还是把钱塞到了他们的手中。他们来到讲台上，面对着 400 多位学员，泪流满面，“扑通”一声，跪在了讲台上。

“谢谢大家，谢谢大家，可是，这些钱，我们真的不能要，为大家烙饼，是我们的心意，我们怎能收钱呢？”

此时，我正在休息室，当我得知这件事，特别感动，我的眼圈湿润了。课程开始，当着全场的学员，我说："这就是付出，这就是爱，这就是人生的意义，包容、慈悲、善良和爱，以及生命的感动，都融合在这一张不大的饼里，品味着它，似乎在品味整个美好的人生！"

说完，我转过身，擦掉眼泪。这一刻，我更加清楚自己的使命，更加明白了人生的意义。

一家三口希望在巨海捐建希望小学的时候，贡献一份力量，于是，把带有爱心的钱投入了巨海公益事业中。

我看到了崔女士的改变，也看到了她的儿子的改变，我想让她的儿子参加"未来领袖演说家"的课程，于是，我打电话给恩师，当我说明情况后，恩师爽快地答应送给她一个名额。

如果让崔女士为其儿子报"未来领袖演说家"的课程，我不知道，她要卖多少张饼才能换来一张课程门票。佛陀说过，"无缘不能度"，我和崔女士有缘，和他的儿子有缘，所以，我要让他们在巨海的课堂上变得更加美好。

在"未来领袖演说家"开课那天，我来到课程报名处，打算帮崔女士的儿子缴纳食宿费。巨海副总裁闫敏老师看到后，不解地问："你为什么要给客户缴费？"我把崔女士的情况说给闫敏老师听，闫敏老师毫不犹豫免去崔女士儿子的食宿费。

巨海是一个充满爱心的地方，这里有一群可爱的人，他们把乐于助人当作人生最幸福的事情，他们把改变人、成就人当作人生中最伟大的要务！

正如恩师成杰老师所说："一个人改变自己叫自救，影响他人叫救人。”我在恩师的普度下，发生蜕变，走上一条新的道路——教育培训。通过教育培训，影响人，改变人，是多么有意义而又自豪的一件事啊！

“打造商界特种部队”的课程已经进行了76期，每一期都获得了圆满成功，都受到企业家及其团队的高度赞扬。这些离不开我的不断努力精进，更离不开恩师的谆谆教导。

在讲授“打造商界特种部队”的课程中，每次讲到感恩的环节，我都会泪流满面。这是一个感人肺腑的环节，能够激发人们心中的真、善、美。

在这个环节中，我会让每个团队的学员围成一个圈，关掉手机和灯光，只在圈中放一盏蜡烛，此时，大家保持安静。当一切准备就绪，纵观全场，我看到在蜡烛的照耀下，所有学员的眼睛都显得非常明亮。他们是一群善良的人，在人生的道路上，他们应该更加真切地感受生活的每一个当下。

时间带走许多美好的往事，唯一带不走的是爱、善良和宽恕，在一路的前行中，唯有珍惜当下，把握美好，珍惜身边爱我们的人和我们爱的人，才能够获得幸福。

在感恩的环节中，学员的心灵得到洗涤。生活中，处处存在爱、慈悲、善良、感恩，我们却逐渐失去了发现的眼睛。

“打造商界特种部队”不仅是打造高绩效团队的课程，还是一场心灵的旅途。它既严肃，又活泼；既震撼，又激励人心。在这节课中，我们感受到蜕变的欢快，付出的幸福。

“打造商界特种部队”这门课程化解了许多父子、夫妻、子女之间的矛盾。在银川固原，有一位健身房教练走进我的课堂。他练过武术，身材高大，一看就知道是铁骨铮铮的男子汉。学习课程“打造商界特种部队”之后，他跪在我的面前说：“秦老师，您让我的内心发生了巨大的改变，我和父母的关系不好，我一直在怨恨他们。今天，我理解了他们，明白了他们的不易，谢谢您！”课程结束，他立刻回到家，给父母道歉，请求父母原谅他，并且第一次给父母洗脚。

随着“打造商界特种部队”的口碑越来越好，这门课在全国开展的次数也越来越多，遭同行的嫉妒也越来越多。同行嫉妒，证明巨海集团的课程日益得到客户的认可与肯定，证明巨海集团在不断发展壮大！

竞争，让我们持续完善自己，不懈努力与付出，激发奋斗激情，更好地服务客户，以优质的课程奉献给客户。

在“打造商界特种部队”的课程中，我讲了执行力、凝聚力、自信、精进，以及成长、梦想、感恩。我把团队打造和军队管理完美地结合在一起，为企业铸就一支高素质团队。

关于梦想，我说：“有梦的人生叫起航，没梦的人生叫流浪。只要有自己的双脚，就能走出属于自己的人生道路，只要有自己的梦想，就能实现自己人生的辉煌。”

关于团队打造，我说：“有进步才有竞争，有竞争才有强大。训练是不流血的战争，合理的是训练，不合理的是磨炼，合理不合理的都是修炼。”

关于执行力，我说：“想要壮志凌云，做要脚踏实地。”

……

“打造商界特种部队”汇聚了太多经典的话语，这些话语充满正能量。我特别喜欢的一句话是：“我就是宇宙的中心，我的脚下就是我的舞台。”每个人都是一个小宇宙，都要建立强大的自信，当小宇宙被引爆的时候，会发出巨大的能量。所以，在面临困难的时候，我们不能妄自菲薄，不能失去信心和力量。

我希望通过“打造商界特种部队”的课程，让所有学员的内心变得强大。我希望他们不要因为挣钱的多少而感到自卑或自豪，而是因为保持一个纯净的心而感到幸福。这是我的发心，也是我送给所有参加“打造商界特种部队”课程学员的寄语。

结 语

“打造商界特种部队”课程伴随着我的成长精进，获得了更多人的认可。从2013年6月份开始讲授这门课程，到现在已经进行了70多期，每一期，我都在学员的绽放中感动，在学员的蜕变中喜悦。在课程的讲解中，让我感触最深的是：我越来越明白，人到底为什么活着，人生的价值和意义又是什么。

晋升巨海集团副总裁，行大道利益众生

2014 年 12 月 19 日—21 日，第 186 期“一语定乾坤·暨巨海 6 周年庆典”在上海隆重召开。

在 6 周年庆典上，巨海同人们齐聚一堂，觥筹交错间，恩师发表了震撼人心的演讲：

在我的生命中，我把巨海当作自己的孩子一样来看待，一样来对待。巨海融入了我的生命，融入了我的时间，融入了我的心血。

因为一个不甘于平凡的梦想，我们选择了创业。创业是一条不归路，走向了这条路，意味着责任，走向了这条路，意味着只能一往前行。过去的 6 周年只是巨海打的一个基础，而 6 年后的今天，才算是巨海真正成功的开始。

这一切结果的背后，有我们所有巨海同人日日夜夜的努力，日日夜夜的奋斗，我为有这样的家人，有这样的战

友，有这样的同人，而感到骄傲，感到自豪。巨海的家人们，我爱你们，谢谢。

在我的内心深处，我不断告诫自己三句话：成就顾客的心，一百年不会改变；成就巨海同人的梦想，一千年不会改变；成就巨海伟业的心，一万年不会改变。

我相信，有这样的决心，有这样的毅力，2015 年起，巨海的事业将会更加辉煌。

当恩师以饱满的激情讲完这段话后，全场响起热烈的掌声。我沉醉在震撼的场面中，不知不觉间泪流满面。我们都相信巨海，相信巨海人，相信巨海人的爱、巨海人的朝气蓬勃、巨海人的团结一致、巨海人的同甘共苦、巨海人的携手并进。巨海人永远是最有能量的。

在巨海 6 周年庆典即将召开之际，恩师把我叫到他的办公室对我说："我想晋升你为巨海集团副总裁。"听了恩师的想法，我摇头否决。我说："师父，我为巨海的付出远远不够，况且我还不能胜任副总裁一职，如果您晋升我为集团副总裁的话，我会受之有愧。"恩师说："这是巨海发展趋势所需，你荣升为集团副总裁，能够把讲课内容和公司的管理融为一体，更加有利于你的发展，况且作为讲授团队打造的讲师，一定要把'讲'和'做'紧密结合起来。"

我明白恩师的用意。他希望我有更多更好的发展机会，我真心感谢恩师。

我知道，愿意担当责任的人，不论身处何地，都比别人更容易脱颖而出。张开双臂，迎接责任，小事负责，大事也负责，成功必将属于我。

在此次庆典上，当恩师亲手给我颁发晋升证书的时候，我心中充满了激动，也充满了感动，回想恩师给予我的帮助，岂是一个“谢”字能够表达。

站在舞台上，我当着在场所有的企业家及巨海的家人讲道：“从今天开始，我肩上的任务更重了。我的责任增多了，因为责任的增多，会让我的人生之路走得更稳，更坚定。我要把这份责任与使命延续下去，为巨海同人及所有巨海客户的成长奉献所有的力量。”

荣升巨海集团副总裁，对我来说，是一份担当，更是一份使命，我愿意为这份使命奉献终生。同时，巨海是我的家，是我魂牵梦绕的地方，我爱这个家，爱结缘巨海的每一个人。

在荣升为副总裁之后，我明显感觉到身上担子更重了，这种压力让我更加努力，更有动力。“井无压力不出油，人无压力轻飘飘。”这句话带给我无穷的力量。

与此同时，我加大学习力度，以前每天要抽出来 3 个小时读书学习，而现在要挤出 4 个小时，甚至更多时间。

关于学习精进方面，恩师对我的影响非常大。在我看来，恩师大概是世界上学习力最强的一个人了。

恩师时时刻刻都在学习，不管在什么地方，不管当时在做什么，他都会抽出时间阅读。无论在哪个城市，他都会去当地有名的书店买书。只要在机场，他都会光顾机场书店，选择好的书籍，在飞机上看，当飞机到达目的地的时候，他已经把书看完了。

恩师每年都会投资十几万元钱买书学习，花重金走进国际知名大师的课堂精进自我。

恩师还会定期去拜访高人。在向高人求教的过程中，他的虔诚、他的用心，让我为之感叹。恩师是一位企业家，又是国内知名的演说家，获得过多项荣誉，但是他能够放下自己，放空自己，向他人求教，是值得所有巨海人学习的。在拜访高人的过程中，无论路途多么遥远，他都会不辞辛苦，不远千里，跋山涉水前去拜访。

有一次，我对恩师说：“最近，我去过一家茶楼，茶楼的当家人很有学问。”恩师说：“抽空我也要去拜访一下。”我以为恩师只是说说而已，他那么忙，大概没有时间去拜访。结果，我在一次出差的途中，恩师打来电话说要去拜访茶楼的当家人，并询问茶楼的地址。虽然我去过茶楼，但是具体地址我却并不知道。当时我刚登上飞机，空姐一遍遍地催我关闭手机，我只好一边对空姐说稍等，一边给茶楼客服部打电话，客服说会把地址以短信的形式发给我，结果10分钟过去了，却没有发给我。空姐再次催我关闭手机，我着急得头上冒出汗来。正在此时，我手机突然响了，是茶楼客服人员发来的地址。我急忙复制短信发给恩师。下飞机之后，我收到恩师发来的一条短信：“谢谢，我去拜访过茶楼当家人，非常棒！”

还有一次，我和恩师在四川成都讲课，课程结束，恩师邀约在同一酒店开课的另一位培训师一起用餐，并向他请教。当时，恩师让我跟他一起去，我因为有重要的事情要做，拒绝了。恩师和这位培训界的老师聊过之后，无比感慨地对我说："今天学到了许多知识，收获真大呀！"

自古以来，都有同行相轻的规律，而在恩师的眼里，同行之间相互学习，共同精进，是非常愉快的事情。记得恩师创建"世界华人演说家俱乐部"时所说的一句话："我希望全世界的华人演说家能够像天空的星斗，相互照耀，而非沙滩的顽石，相互碰撞！"如此美好的愿望，如此宽广的胸怀，除恩师之外，有之甚少。

受恩师的影响，我养成热爱学习的习惯。之前，我出差时从不携带书籍，现在，每次出差，我都会在行李箱里放两本书，以备出差途中阅读。之前，上飞机之后，我就会呼呼大睡，现在，我会在机舱内专心学习。

有关团队打造和心灵修行方面的书，我看得比较多。人生是不断修行的过程，在这个过程中，修的是一颗心，只有把心修好，才会具有一颗慈悲心，才能够善待万物。

荣升为副总裁之后，我只有不断精进，提升能力，把"打造商界特种部队"的课程讲好，推动巨海业务发展，才不会辜负恩师的期望。

结 语

荣升巨海副总裁，对于我来说，不仅是一种荣誉，更是一种责任，我将带着这份责任，奋斗在巨海，服务于巨海，我将把我的全部精力献给巨海。阿尔弗雷德·阿德勒说“奉献乃生活的真正意义”，我要说“奉献于巨海乃我生活的真正意义”。

浓浓师情，不可思议的生日礼物

在走过的30多个春秋里，我从来没有刻意记过自己的生日，甚至生日到来的时候，我都不知道。有时在亲人提醒下，我才突然觉得光阴如白驹过隙，而我又老了一岁。于是，在亲人的祝贺声中，我停下手中的工作，吃碗长寿面为自己庆生。

加入巨海后的每年生日，恩师都会送给我不可思议的生日礼物，并且为我庆祝。2013年7月，正值我生日到来之际，恩师对我说："你的生日即将到来，我准备送给你一件生日礼物。"

恩师说完，我极力反对："不用的，师父，真的不用。"

恩师笑着说："你还没问我送你什么礼物，就开始拒绝了？"

说实话，能够跟恩师一起，成长精进，利益众生，在巨海，能够和一群人并肩作战，为巨海的伟大事业努力奋斗，已经是上天恩赐我的最好礼物。

于是，我说："什么礼物，我都不要，跟着恩师精进学习，就是最好的礼物。"

“这个礼物可以让你光宗耀祖。”恩师笑着说。

我突然一阵惊愕，回想自己长这么大，从来没有光宗耀祖过，没加入巨海之前，还做了不少让老祖宗丢脸的事情。而在加入巨海之后，光宗耀祖却是我心之所向。

随即，我说：“既然是光宗耀祖的事情，可以考虑。”

不久，来了一位编辑人员对我进行了一段时间的采访。又过了两个月，恩师送给我一本书，《选择与放弃的人生智慧课》，署名秦以金。恩师竟然为我策划出版了一本书。

书籍是在时代的波涛中航行的思想之船，它小心翼翼地把珍贵的“货物”运送给一代又一代人。恩师为我策划的这本书，我将作为纪念留给子孙后代。

拿着这本书，我满心欢喜地回到家，推开家门，看到父亲坐在沙发上看电视。我说：“爸，给你一本书看看。”父亲不屑一顾地看了我一眼，说：“臭小子，老子没上过学，你不知道吗？”我说：“爸，这本书是写你儿子的。”父亲不屑一顾地斜乜我一眼，然后继续看电视。他大概在想：一个初中毕业的人怎么可能会出书。

我把书放在父亲的面前说：“老爸，你不相信的话，可以看看封面，你看这个人跟你儿子长得像吗？”我指着封面上的头像说道。

父亲斜着眼看了看，然后拿起书，仔细端详了一阵儿说：“还真像。”我说：“就是你儿子呀！你看这三个字。”我用手指着书面上的三个字念道：“秦……以……金。”

父亲哈哈笑了起来，用拳头在我胸口上顶了一下，说：“臭小子，还真出书了。”

父亲翻开书，他并不识字，却像是一个识文断字的人，翻看了一遍又一遍，然后又看了一遍书中的插图。我想，对于一个不识字的人来说，插图也许是最容易接受的。

当天晚上，父亲小心翼翼地把我的书放在床头，美美地睡了一觉。第二天早上，父亲很早便和我的儿子一起逛公园。到该吃早餐的时候，父亲还没有回来。我着急去寻找，却发现父亲坐在公园的椅子上翻看《选择与放弃的人生智慧课》这本书。我走近说：“爸，你在干吗呢？”父亲严肃地说：“看书。”我的儿子突然插嘴说：“爷爷刚才拿着书在和别人吹牛。”我立刻便明白，一定是父亲在和别人炫耀他儿子出书的事情。

我理解父亲，在以往的岁月中，我从来没有做过一件让他引以为豪的事情。这本记录我成长故事及我人生观的书籍，无疑是他值得炫耀的资本。看到父亲拿着我的书到处炫耀，我也因父亲的自豪而快乐和自豪。

自此，父亲回老家的时候，什么都不带，只带我的书。在父亲从老家归来后，我便听家乡人说：“你父亲在村里吹牛呢！拿着一本书说你出的。”我笑着说：“我爸说得没错，那本书是我出的。”家乡的人就说：“哎呀，方圆几百里，都没有一个人出书，你老秦家真了不起，出了一个能写书的人。”听着乡人的赞扬，我和父亲乐得合不上嘴。

在我 20 岁的时候，我的梦想是买一部法拉利汽车，因为那个时候，我喜欢泡酒吧，我幻想着开一部法拉利去酒吧是多么有面子。

加入巨海后的某一天，恩师问我："你准备什么时候换车？"我说："40 岁之后。"恩师又问："你准备换什么车？"我说："法拉利或者路虎。"

不知过了多少个日日夜夜，恩师依然记得这次关于换车问题的交谈。就在 2014 年 7 月，我生日即将到来的一天，恩师突然对我说："走，以金，我们去一个地方。"我说："师父，要去哪里？"恩师神秘地说："到了，你就知道。"

恩师带我来到路虎 4S 店，然后，指着一款豪华路虎车说："这款车怎么样？"

我说："太棒了，大气、奢华！"然后接着说："恩师，你终于要买车了？"

恩师虽然是巨海集团的董事长，从创立巨海至今，依然没有一辆真正属于自己的车。

"好，就买这款。"

恩师掏出银行卡，办理了缴费手续。

"这款车是我送给你的生日礼物。"恩师说。

我把恩师送给我路虎车的事情告诉母亲，母亲勃然大怒："你不能要你师父的礼物，你若收下礼物，我就跟你断绝母子关系。"母亲是踏实本分的农民，在我小时候，她就教育我不允许接收别人送的礼物。今天，我违背了母亲对我的教导，她当然生气。

“老师说不仅是送给我的生日礼物，还是对我加入巨海公司不断付出的肯定。”我对母亲说。

“不管怎样，你都不能接受。”母亲严厉地说。

恩师在没有成家、没有买房的情况下，就已经捐建了第一所希望小学，而我又怎能太过于执着物质追求呢？在没加入巨海之前，我渴望开豪车，住洋房。现在，开什么样的车，对于我来说，已经无关紧要，重要的是，我能否不断精进成长。

我特别感谢恩师，帮我完成在40岁之前换车的梦想。无论恩师送给我什么样的礼物，都是对我加入巨海之后蜕变及付出的肯定，是给我的莫大鼓励。

我用“地无余制，人无余力”这句古语来勉励自己。我发誓：“为巨海的事业，我会拼尽所有的精力。”

2014年8月6日上午，在上海金钱豹大酒店门口，巨海集团上海分公司和杭州分公司全体家人共同目睹了隆重的一幕。在他们共同的见证下，鞭炮阵阵响起，礼花漫天飞扬，我开着路虎车缓缓而来。在酒店门口，我把车停下来。大家高举着“热烈祝贺秦以金老师提取百万豪车路虎”的牌子热烈欢呼，纷纷祝贺。我走到恩师的面前，深深鞠躬。恩师双手合十，充满祝福。

随后，全体家人合影留念，在阵阵“携手巨海，势不可挡”的高呼中，摄影师快速按动快门，一个个充满快乐、自信、感动、感恩的面孔定格在照片中。

在2015年7月，正值我生日到来之际，恩师说要送给我一份更加有意义，更加不可思议的礼物。

我依然坚决拒绝。我说："师父，我在巨海已经收获太多、太多，我的改变、绽放，是从遇见师父开始；我心中的爱、善良、慈悲，也在遇到恩师之后，得到升华。这些已经是最好的礼物，我还奢求什么呢？"

恩师说："这份礼物具有重大意义。我记得你在没有走进巨海之前说过，你的梦想是和我同台演讲。这么多年过去了，你一直在讲打造高绩效团队方面的课程，我在讲演说力、领导力、领袖智慧方面的课程。我们很少同台演讲。我要送给你一堂有千人参加的'打造商界特种部队'，并且，我要和你同台演讲。"

听到千人参加"打造商界特种部队"的课程，我激动无比，恩师和我同台演讲，更是我梦寐以求的事情，也是我多年以来的梦想。

我说："恩师，谢谢你！"

此时此刻，一句"谢谢你"显得苍白无力，但却是我内心深处最真挚的话语。

自从恩师把"打造商界特种部队"的课程交给我讲，至今，已有两年，两年之中，恩师从未再讲过"打造商界特种部队"这门课程。恩师能再次讲授这门课，并且为我撑台，我的内心充满感动。我能够感受到恩师对我的器重，能够感觉到在我和恩师之间那种难解难分的师徒缘。

加入巨海后的每个生日，都让我记忆犹新，给我带来感动、惊喜，让我终生难忘。我发自内心地说："恩师，谢谢你！"

结 语

自从加入巨海，每当我生日到来之际，恩师都会为我准备别具纪念意义和不可思议的生日礼物。马克·吐温说:“你生命中最重要的两天是你出生的那天和你找到答案的那天。”恩师的用心，让我感受到出生那天的重要，而得遇恩师的那天，也是我找到答案的那天。

魅力四射，做主持给我带来的能量

2014 年 6 月，在“打造商界特种部队”开课之余，我开始跟随老师做“一语定乾坤”课程的主持人，因为已经有了讲课经验，所以我主持得非常顺利。

我想起从事美容美发行业时做主持的情景，当时窘迫、紧张、恐惧的我与现在站在讲台上落落大方、妙语连珠的我相比，简直判若两人。

恩师之所以让我主持“一语定乾坤”，是想为我提供学习成长的机会，让我体会讲课与主持之间的差别，从中学到更多利于讲课的方法。

在主持“一语定乾坤”的过程中，我有了很大收获。

首先，它提升了我的气场和能量。主持和讲课不一样，讲课的关注重点是自己，如何把课讲得清楚仔细；而主持关注的重点是学员，怎样才能调动学员的气氛，提高自身的气质，提高学员的能量，要学会用敏锐的观察力洞悉学员的心理。通过主持，我学会了如何把控学员的心理，掌控全场的气氛。

好的主持人，不仅要具备丰富的学识，还要具备随机应变的能力。我把做主持的心得运用在讲课中，能够更好地与学员形成互动,活跃学习气氛。学员长时间听课,会感到疲惫或乏味，我则通过幽默诙谐的主持或者别具特色的互动减轻他们的心理压力，有利于他们集中精力学习。

其次，它提高了我的逻辑思维能力。在主持的过程中，我必须学会控场，必须思路清晰，逻辑性强。所以，我要组织语言及设计主持流程，形成自己独到的主持风格，还要根据课堂气氛，改变自己的主持思路，使课堂气氛更加活跃。如果没有严谨的逻辑思维，课堂气氛和能量场就会降低，主持人就会因为紧张、恐惧而思路凌乱，导致卡壳。

所幸每一期“一语定乾坤”都无比顺利，课堂气氛非常活跃。在主持的过程中，看到了学员以各种方式表达对我的喜欢，对我的敬爱，我就会发自内心地感谢他们对我主持风格的肯定，感谢他们对巨海课程的支持。

第一天白天的课程结束，晚上的课程是我为学员做落地辅导。我坐在讲台的台阶上，给在场的企业家学员讲解如何练习演说，如何克服演讲中的恐惧心理。许多人不明白我为什么突然坐在台阶上。我之所以这样，是想通过身体语言，告诉学员们在练习演讲的过程中，要学会放低自己，放下自己，放下脸面。另外，还想告诉他们，所谓演讲就是边演边讲。

为了学员能够收获更多知识，晚上落地辅导结束，我便开始了“寻访”活动。来到学员住的房间内，我开始针对团队进行辅导。我教他们如何设计演讲稿，比如，演讲要有一个引起共鸣的问题，有一段震撼力的话，有一个有影响力的人物，有一个有教育意义的话题，等等。有的学员从没有经过演讲训练，还有的学员缺乏领悟能力，所以必须耐心辅导。值得高兴的是，许多学员经过我的辅导，演讲能力得到极大提高。

我耐心地辅导他们，直到晚上12点多，然后再针对个别学员进行专门辅导，到第二天凌晨2点，才能够回到自己的房间，睡到5点多，我便开始起床练习演讲。

在这期间，许多企业家学员会说：“秦老师真的很辛苦。”每当听到这样的话，我微笑着说：“巨海的每一位家人都努力付出，也很辛苦，他们唯一希望的是你们能在巨海学有所获。”

开课期间，每一位巨海家人都非常辛苦，他们对待客户，就像是对待亲人一般，无微不至的照料，学习上的用心辅导，让人感动。恩师说：“生命的意义在于帮助。”每个人生活在世间，都在追求生命的价值与意义，不是吗？

恩师还说：“跟随才能获得精髓，长随才能获得真髓。”在跟随恩师主持“一语定乾坤”课程的过程中，我的各方面能力都得到了很大提高。

记得有一次，一天的课程结束，恩师本已非常疲惫，却依然把我和大师兄陈天星叫到他的房间，给我们泡了茶之后，对我俩进行针对性的辅导。一边喝着恩师泡的茶，一边听着恩师的教诲，我的内心充满了温暖。

在讲课期间，恩师每每发现好书，都会分享给我和学员。受恩师的影响，每每遇到好书，我也会分享给其他人。在巨海，讲师之间的分享、相互学习，深深影响到员工，员工也懂得了分享与相互学习，好的激励性语录，好的销售技巧，好的书籍……员工会在第一时间分享。企业要突飞猛进地发展，其员工必须养成学习的习惯。

恩师不仅有超强的学习力，还有处处关心别人，照顾别人的好习惯。我也传承了恩师的好习惯。

巨海的家人经常对我说："秦老师，你身上没有一点讲师和高管的架子，和你一起吃饭，你会把我们照顾得很周到，给我们盛饭、盛汤，我们和你在一起，感到特别自在。"

我笑了笑说："其实，这些都是跟随恩师学来的。每次和恩师在一起用餐，恩师都会照顾到身边的人，他给坐在身边的人盛饭、盛汤，完全不像培训界的许多老师那样时时刻刻保持高高在上的样子。"所以，受恩师的影响，我也养成了照顾别人的习惯。

在弟子班学员和恩师一起出差的过程中，大家很早就赶到机场，来不及吃早餐。恩师故意走在大家的前面，把餐点好，等待着大家一起用餐。恩师故意买不同口味的早餐，让大家根据自己的口味挑选。

受恩师的影响，在出差途中，我也开始注意每个细节，寻找能够帮助别人的地方。比如，以前，和恩师一起出差，我会坐在恩师的旁边，而现在，我会让学员坐在恩师身边，目的是便于其他学员和老师交流学习，成长精进。

恩师常说："和什么样的人在一起，就会成为什么样的人。"我们不能忽视生活中，榜样所起的作用。恩师是一个具有大智慧、大格局、大胸怀的人，跟恩师在一起，让我遇见了最美好的自己，让我的生命有了最美的绽放。

我希望更多人走进巨海，跟随成杰老师，完成生命的蜕变。

结 语

跟随恩师主持"一语定乾坤"的过程中，我明白了讲课与做主持之间的差异，进一步提高了演讲水平。同时，受恩师的影响，我养成了时时刻刻为别人着想，帮助别人的好习惯。如果你对人友善，处处为别人着想，你就会发现别人会回报你的善意，你的快乐也会在别人身上体现出来。

第七章

入巨海，得宝珠

源于对恩师的敬仰，源于对巨海的信任，我把生命交给了巨海，为了巨海，我可以牺牲所有的一切。关于巨海，我有着一种特殊的爱，这种爱超越生命。我爱巨海的家人，爱巨海的客户，巨海是一个伟大的平台，这个平台承载着改变生命的使命，承载着实现更多人梦想的重任。

巨海有我的人生，有我的兄弟、战友，有我重生后生命的辉煌。我将用一辈子的时间感恩巨海，感恩我的恩师——成杰老师。在遇到恩师的那一刻，就注定我的生命将和巨海联结在一起。

我的兄弟情，战友义

走进巨海后，我把巨海家人当作兄弟和战友。为了巨海的事业，巨海的家人们紧紧拥抱在一起，携手共进，并肩作战，时时刻刻不忘巨海的使命“帮助企业成长，成就同人梦想，为中国成为世界第一经济强国而努力奋斗”。

兄弟情，战友情！我们是出生入死的兄弟，我们是肝胆相照的战友。我们的心连在一起，结缘于巨海，相聚于巨海，绽放于巨海，蜕变于巨海。在巨海，我看到的、体验到的、感觉到的，都是满满的爱、满满的情。在巨海的每一天，我都充满激情，充满欢乐，充满感恩。释迦牟尼说：“不生烦恼，不足以生智慧，不入巨海，不足以得宝珠”，巨海是一片肥沃的土地，在这片土地上，生长着智慧之花，生长着梦想之花。

一直以来，我都非常感谢巨海的家人们，感谢他们对我的尊重，对我的支持。当我遇到恩师，加入巨海的那一刻，巨海这群可爱的人，已经占据我生命中最重要的位置。我的人生在巨海扎根，我所有的梦想在巨海起航。

我将善良地对待你们，正如我善良地对待生活。巨海的许多家人说：秦老师是一个谦卑的人。无论是企业家还是员工，秦老师都一视同仁，亲切对待。无论在任何场合，秦老师都会主动为其他人开车门，并且不允许别人为他提包，在中国培训界的讲师中，很少有人能够做到像他那样谦逊随和。成杰老师捐建小学，秦老师随其资助学生，传承成杰老师的大爱精神……

一个人最大的快乐是他存在的价值能够被认同。我很高兴，巨海的家人和客户能够给我高度的赞扬，我会更加努力。

正如巨海家人们所说：我能够放下自己的企业，放下自己的600多名员工，走进巨海，我追求的并不是金钱，而是精神层次的升华。

我很庆幸选择了巨海，这是我生命中最明智的选择。

我把自己当作巨海的一块砖，哪里需要就搬到哪里。我曾经无数次地充当司机的角色。巨海家人的客户来到上海，或者国内外知名培训师抵达上海，如果恰巧司机不在公司，我都会放下手中的工作或者放弃陪自己家人过周末的机会，亲自开车接送。

巨海有一位家人叫马煜超，他是巨海的金牌主持人，也是一名销售精英。他的一位客户的企业管理出现了问题，马煜超为了帮助这位客户，请我做了一场内训，取得了非常好的效果。这位客户为了感谢我，塞给我一个红包，我当场拒绝。事后，这位客户让马煜超把红包转交给我，我依然拒绝，并让马煜超还给客户。

帮助巨海家人服务客户是我的职责，也是我为巨海付出的方式。我会无条件地服务巨海的客户，也会无条件地帮助巨海的家人。

“演说智慧”终极班是训练领袖演说力的课程，该课程为期 4 天，在第四天下午要进行一场演讲比赛。一位叫郭瑄的学员，在课堂上特别渴望获得演讲冠军，于是，让我辅导他。我不辞辛苦，尽自己的最大努力辅导他，从当天晚上的 9 点多一直辅导到第二天凌晨 2 点。最终，他获得了演讲冠军。

像这样帮助客户的例子举不胜举，为了客户的利益，为了客户的荣誉，巨海家人一直在努力。

有一件事，一直影响着我，让我感触很深，因为这件事，我体验到了发自内心帮助他人的快乐，也因为这件事，我得到许多家人的称赞。

巨海销售战将马占龙出生在甘肃定西，据他所说，他的家乡非常贫困，那里交通不便，常发生干旱，因为严重缺水，每到冬季，人们就会赶着毛驴，走很远的路去拉水。农村的孩子，大部分朴实、勤奋，马占龙也不例外，在他身上，有着不向命运低头的个性和改变命运的勇气。

2013 年 9 月 9 日，恩师在西安讲课，马占龙参加了他的课程。当时，他买了恩师的书，让恩师签名的时候，问道：“我不会说普通话，可以练演讲吗？”恩师说：“可以。”

在课堂上，他被恩师的演说彻底征服。当他听到恩师说将用毕生的时间和精力捐建101所希望小学时，他有些质疑。他不相信眼前这个年纪轻轻的讲师竟然有如此大的格局，他更不相信眼前这个人会有如此伟大的梦想。

当他含着泪读完恩师的书之后，他终于相信恩师所说的话。他说："成杰老师的书，是我从小到大，唯一读过两遍的书。"

他和恩师一样，来自农村，有着农村人的勤劳、坚韧、朴实，有着一颗不服输的心。他说："在没有遇到成杰老师之前，我参加过14位培训讲师的课程，但是，没有一位讲师，能够像成杰老师那样令我敬仰，让我感动。我要加入巨海，我要成为巨海的一员。"

为攒够路费到达上海加入巨海集团，他来到建筑工地上，像许多建筑工人一样，流着汗，流着泪，顶着烈日，在工地上劳作，他的手和肩膀一次次被磨破，可是，他咬紧牙，忍着疼，坚持了一天又一天。

两个月后，他终于挣了6000元钱，拿到这6000元钱工资的时候，他流泪了。只因对一个人的崇拜，只因一个地方的吸引，只因改变命运的强烈渴望，他用坚强的毅力，辛苦的劳作浇灌梦想之花。最终，踏上了寻梦之路。

2013年12月4日，他终于加入了巨海。刚加入巨海的时候，他穿着朴素，相貌平平，还有满脸的青春痘，连普通话都说不好，许多人不看好这个傻傻的年轻人。他们认为在这样一位满身土味的农村人身上，怎么可能存有销售精英的气质呢？这样一个连普通话都不会说的人，怎么可能通过语言去成交客户呢？

但是，只有我，从他的眼中读到了渴望，读到了坚毅和隐藏在内心深处的自信。

在加入巨海的前两个月内，每到中午就餐时，他总是表现得神神秘秘，同事叫他去吃饭，他都会推辞。等到大家离开公司后，他悄悄地来到地下车库。如此几天之后，同事们发现，他竟然躲在地下车库里吃泡面。

在这两个月中，他每天早上吃两个包子，中午和晚上都吃泡面。我知道了这件事，询问他。他说："上海的花费高，刚加入公司，钱不宽裕，要省着花。"

听他说完，我很伤心。一个人吃两个月的泡面，身体怎能承受得住呢？

我急忙掏出500元钱给他，并对他说："马上放年假了，你拿回去给爸妈买一些礼物。"他坚持不要我的钱，出于一份关爱，一份心意，我坚持要给他。我想如果我不把钱给他，我的内心会不安。他看到了我的决心，感受到了我的坚持，也明白了我的心意，只好收下。当他拿到钱的时候，我看到他的泪在眼眶里打转。

虽然钱不多，但我希望能够给他带去帮助。他是一个特别懂得感恩的人，2014年开年回来，出于对我的感谢，他给我带来了自家腌制的大肉和家乡特制的食用油。

在我看来，巨海的每一位家人都是独一无二的，他们都很努力，很奋进，很优秀，我能够感受到他们身上的拼搏与进取。对待他们，我像对待家人一样，帮助他们，我就像在帮助自己的亲人一般。

每天早上，我都会在 7 点之前来到公司练习演讲。看到家人们也在练习，我会静静地听他们练习，然后指出他们在练习中出现的问题。有时候，看到家人们在努力工作，我会拍拍他们的肩膀。马占龙说："每当秦老师拍我肩膀的时候，我就会感到秦老师一直在关注我，一直在关心我，我就会更加努力。成杰老师说，报答的最好方式是不辜负，我一定不会辜负秦老师的期望。"

作为领导，应该时时刻刻关心员工。这种关心不一定是物质方面的支持，更重要的是精神方面的鼓舞。一个微笑，一个拥抱，一个肯定的眼神，都可能会激起员工的激情和热情。

我和马占龙之间还有一件事，让双方都难以忘怀。那是 2014 年 5 月 21 日"一语定乾坤"课程结束的当晚，马占龙和另一位巨海家人骑自行车结伴而行，马占龙意外摔倒，之后，家人们联系我，我急忙开车到达出事现场，和几个同事一起把他搀扶到车上。在送往医院的过程中，他一直不停说话："这是哪里，我怎么会在这里呢？为什么把我扶到车上……"

医生为他做脑部检查的时候，他坚决反对，大声说："我好好的，为什么做检查，为什么做检查？"

第二天，当马占龙醒来，他却完全不知道发生了什么事情。只感觉到头有点痛，脸有点痛，照着镜子看了看自己，他发现满脸的疤痕。

他努力回忆 21 日晚上发生的事情，却什么都想不起来。

医生检查的结果是轻微脑震荡，医疗费是我和吴芳经理支付的。他一直感谢我开车送他去医院，并且为他支付医疗费。对于我来说，这都是小事，最重要的是人的安全。

“如果我把钱还给秦老师，他肯定不要。但是，我由衷地感谢他，我将用一辈子去感恩。”在和巨海家人谈及这件事的时候，马占龙这样说。

人总是在感动中懂得珍惜，在相互帮助中达成生命的默契。愿巨海家人在相互协助中，稳步前行，直至生命蜕变。

后来，为了突破自己，马占龙制订了33天的演讲计划。在33天里，他在地铁上演讲，在马路上演讲，在公园里演讲。面对着乘客，面对过往的行人，他没有胆怯，虽然不会说普通话，虽然相貌平平，但是他渴望改变，渴望强大。

在练习演讲的过程中，大多数人不认可他的演讲，在地铁上，他甚至被保安驱赶。但是，他依然没有放弃，依然坚持33天演讲计划。他说：“我从农村走来，吃苦耐劳是我的本性，勇敢坚持是我的本质。”

有一次，他在地铁上专心致志演讲时，一位女士在下地铁的时候对他说：“你知道吗，听你的演讲，我都坐过站了。”这位女士的话，让他非常激动，这是他进行33天演讲计划以来听到的第一个赞扬他的声音，这是他在地铁上演讲以来听到的第一个认可他的声音。他感到莫大的鼓励和欣慰，全身充满着动力。

2014年2月13日，我因事到杭州，马占龙与我同去。在去杭州的路上，我和妻子不停地教他练习普通话。到达杭州之后，我去办事，他一个人来到西湖旁练习演讲，他的演讲吸引了许多人，并得到了他们的喝彩。

我在办完事之后，请他吃了北方水饺。他吃得非常有味，亲切地对我说，他感受到了亲人般的温情，并且吃到了家乡水饺的味道。

2015 年，马占龙的业绩突飞猛进，他取得的成绩与他的不懈努力、渴望突破有关。他是一个极其渴望成功的人，也是一个非常努力、刻苦的人，在未来的发展中，凭着不服输、不甘于命运的坚韧个性，他一定会闯出一片自己的天地。

在企业管理中，多给员工鼓励与肯定，会增加员工的工作激情与工作积极性，会让员工有家的温暖与归属感。

许多家人说:“秦老师非常努力，作为成长突击队的总教练，他每天 7 点前到达公司。我们来到公司楼下，就会听到他琅琅的读书声。在杭州，他有自己的企业，是国内知名的讲师，在上海和杭州都有房有车，财富已经自由，可是，他还那么拼，那么爱学习，我们没有理由不努力。”

许多家人在遇到困惑后找我聊天，寻求安慰和帮助。我很乐意像大哥哥一样开导他们，也很乐意给他们讲人生的道理，帮助他们解决心灵的困惑，使他们能够放下包袱，放下情绪，全身心地投入工作中。

我希望巨海的战友们都能够欣赏自己，善待自己，经营好自己，总有一天他们会发出耀眼的光芒。

我曾在“一语定乾坤”的课堂上这样说过：“巨海的事情就是我秦以金的事情，巨海客户的事情也是我秦以金的事情，巨海家人的事情，还是我秦以金的事情。”凡是与巨海有关的一切人和事，都与我有关。

结 语

巨海的每一位家人都是我的战友，我的兄弟。为了巨海的发展，为了巨海家人的精进成长，我会不遗余力地帮助每一位家人，和家人们一起携手并进，共同奋进。

心灵修炼，生命修行

一个叫李文豪的人来到寺院里求佛，见到慧海禅师，问道："你们需要修行吗？"

慧海禅师答道："当然需要修行，和尚每天都在修行。"

李文豪接着问道："那你们是如何修行的呢？"

慧海禅师笑着说："饿了吃饭，困了就睡觉。"

李文豪感到费解："所有人都是饿了吃，困了睡，难道这就是用功修行吗？"

慧海禅师解释道："我们和普通人不一样，普通人到睡觉的时候不肯睡觉，百般计较，吃饭的时候不肯吃饭，百种索取，所谓的修行就是修心。"

如果一个人真想修行，无论是出家还是在家，都是一样的。关键是你是否具有一颗普度众生的佛心，是否对社会有责任心，是否对芸芸众生有爱心。

生活在世间，我们的任何行为都和万事万物有紧密的联系，如果所做的事情对芸芸众生有积极向上的意义，那么就是在怀着“天地之心，民生之心”生活，也会参悟生活的真谛与生命的意义。

巨海不仅是智慧的海洋，还是心灵的修行场；在巨海学习，不仅是追求生命的改变，更是寻求心灵的洗涤与回归。或许只有参加巨海课程的学员才深有感触，才能够真切体验发生蜕变的一刹那的美好。

我经常对朋友们说：“加入巨海之后，我的耳根都变软了，我的心也变软了。”我是在巨海获救的一个人，也是因为教育培训获救的一个人。我经常感慨：“巨海真是一个神奇的地方！”仔细回想我的过去，那个自私自利、充满江湖杀气的人，如今变成了一名教育培训导师，并且在国内具有一定的名声，如此大的转变，真令人不敢相信！

我的转变让自己都觉得神奇。如今，我发现自己变得越来越敏感了，我常会因为一个感人的故事而流泪，会因为一段视频而泪流不止。这不是矫情，这是内心柔软的表现。

人生是一场修行，修的是心，心修好了，凡事都会好。在巨海，我渐渐悟道、生发智慧。我逐渐感悟：“在修行中，要具有‘求知’心和‘关爱’心”。

什么是“求知”？“求知”是由点而深，由物而心，生发智慧。智慧不等于聪明，聪明只停留在物质，而智慧却渗透于精神层面。

什么叫“关爱”？“关爱”是由点到面，由自己到亲人、朋友、同事，再到芸芸众生，是由己及人，再及众生的过程，当一个人由己到众生的时候，心中生发的就是慈悲。

“求知”是纵向发展，深度挖掘的过程。而“关爱”是向四周扩散的过程。

在巨海发生改变后，我越来越发自内心想帮助更多人，每当与那些迷茫的人、渴望改变的人交流，试图给对方以帮助的时候，我的内心总是会非常快乐与满足。我建立了人生的经营哲学：求知求真，关爱众生；同时，也建立了人生的使命宣言：我秦以金看到、听到、感觉到并且深深地知道，我生命的目的就是要成为一位拥有健康、智慧、慈悲和爱的能量体，去影响、帮助、成就更多的生命，享受每一个当下，最终带着比出生时更纯洁的灵魂，离开这个世界。

基于“关爱”，恩师说：“领导最大的善和福，就是让追随你的人有美好的未来。”恩师的话体现出领导对员工的爱。当今，许多企业家管理不好企业，是因为只想到爱自己，没有想到爱员工。企业家首先想到芸芸众生，其次想到员工，然后想到自己。这样，成功便会水到渠成。

因“求知”的存在，生活中处处充满智慧。比如，当面指出别人的错误，可能会令对方不满，如果通过故事引导对方，则会收获意想不到的效果，这便是智慧。智慧是生活的感悟，是自我深度“求知”的结果。因此，佛陀说：“智慧不可赐。”

许多企业家对我说：“我的员工认真工作，老实本分。他们都怕我。”

我反问：“员工怕你，你觉得是好事，还是坏事？”许多企业家会说：“当然是好事了。”

我把老板分为三级，第一级的老板，让员工尊重敬畏他；第二级的老板，让员工服他；第三极的老板，让员工怕他。佛家讲究发心，你之所以让员工怕你，是因为你的发心不对，如果发心正确，员工不是怕你，而是尊重、敬畏你。企业家需要智慧，需要在管理中生发智慧。

每到一个地方开课，如果附近有寺院，我都会去拜访，进入寺院，并不是旅游，而是感受佛法的庄严，寻找人生的大智慧。在寺院里，并不一定寻找大德高僧，而是随缘遇见，不管结缘哪位师父，我都会去请教。

师父给我讲“爱”，讲人间“慈悲”，由“爱”出发，把爱与企业管理联系在一起。如同恩师所说：“所有教育的问题，都是爱的问题。”

师父还说：“生命中遇到的每一个人，只要爱他，就会走进他的内心。”

如果在我的面前放着一个苹果，你是我的员工，我们都非常喜欢吃苹果，就会产生三种情况：第一种，我把这个苹果吃了，你并不知道；第二种，我们两个分享一个苹果；第三种，我很想吃这个苹果，但是，你也想吃，你是我的员工，我把这个苹果给你吃，我却装作不爱吃。请问，哪一种更容易走进员工的内心？ 当然是第三种情况。

当一个老板做到第三种情况的时候，员工怎能不敬佩他呢？

或许，当你做到第三种情况的时候，你的员工并不知情。若发心是为员工，坚持一个月或者两个月，他一定会感受到你对他的关爱。人是有感知的动物，爱是容易被感知的。当他知道你为让他吃，假装自己不喜欢吃，他怎会不努力工作，怎会不报答你的恩情呢？那么，还有难以管理的员工吗？

南怀瑾说："视子女如天下人，视天下人如子女。"当你把员工当作子女一样对待，管理就会变成简单的事情。

夜宿古寺，望着寺外如同巨人般的巍巍群山，伟岸高大之感立刻涌上心头，而此时的缕缕微风，却分外凉爽，让人格外清醒。夜是静谧的，走进佛堂深处，现烛光盈盈，众佛慈眉善目，俯视天下。跪于佛堂之中，双手合十，肃穆庄重，敬畏之心油然而生。心中无杂尘，清静如斯，顿觉祥和、慈悲充满心田。

我希望通过佛学使自己的心清净，从而关照自己，找到自己，获得智慧。

我在寺院里悟到：管理企业和佛学有密切的关系。如拜佛，许多人求佛祖保佑身体健康，升官发财。还有一些人求佛解脱烦恼，净化心灵。这种人已经上升到了一个层面，他是寻求精神的安慰，心灵的归宿。有极少部分人求佛保佑众生远离困苦，远离烦恼，保佑世间和谐。这是最高的层面，关注的是众生，是大爱，是智慧的体现。

做企业就像是拜佛，第一层次，是希望自己赚点钱，是自私的表现；第二层次，是希望自己的员工能够挣到钱，可以做一点公益，帮助一部分人；第三层面，是发心做大企业，帮助更多的人脱离困苦，获得生命的蜕变，这种人是高尚的，智慧的。

不管是员工还是企业家，都应该时刻反省，经过反省的人生，才具有智慧。在佛学中，反省的另一个意思是“关照”，关照内心不好的地方，然后改变。关照需静心，静心就会变得聪慧，为人做事就会透露出智慧的曙光。

佛学中常讲的三个字让我受益匪浅，分别是“见”“修”“行”。“见”指佛法于人、事、万物的见解，比如无我、无常、苦、空、因果、缘起。“见”是一种认知，只停留在表层。佛家常说的“无明”就是理解不够，也就是没有见解。人世间许多事情，都是“无明”的表现，比如，一个人对我发火，如果我脾气暴躁，我会对他发火。如果有“见”，就会反思：为什么他会对我发火，是我做得不好吗？当静下心来，关照自己，发现自己没有做错，于是开始寻找平复双方情绪的突破口。

“修”是把见解化为内心的体悟，然后亲身勘验，形成正见。

“行”是把亲自体验和证明到的，应用、融入生活中，通过帮助、分享、分担、自律，通过关爱、贡献、耐心、善巧，去进一步体会和表现生命与生命间的联结。

通过“见”“修”“行”，能够清晰地认识事物，然后影响他人，帮助他人，获得智慧。

在我向师父问道的过程中，对“空”有更深刻的理解。“空”在佛家中是“放下”的意思。放下，是对已有的不贪恋，对没有的不希求。而在生活中，许多人因为执着而非常痛苦。人为什么要学会“放下”？因为一切都是空的，你带不走，既然带不走，为什么不放下呢？所谓“得到，靠的是福报，放下，靠的是智慧，福报易得，智慧难求”。

再则，因为只有顺其自然，才能获得幸福，才能让我们执着于当下，不留恋过去，不畏惧未来。

在寺院的日子里，我对“因果”也有了深刻的理解。有因必有果，今天的快乐、痛苦，都是因为昨天所作所为导致。今天的努力是因，明天的收获便是果。今天的作恶是因，明天所受惩罚是果。人生是公平的，必是好人好报，恶人恶报。

当一个人明白“因果”智慧，他一定不会做坏事，因为他知道做了坏事，必定会受到惩罚。佛学有“缘起”的说法，如同小河不舍昼夜流动不息，必有根源。万事万物相互依存，因缘和合而生，必有缘起。

所以不管是从事各行各业，发心一定要向上向善，广施慈悲之心，利益众生，才能够福慧双全。

结 语

每次踏入佛门圣地，都有一种敬畏之感涌上心头，在深山古刹中，我仿佛看到了智慧之光，遇到了真、善、美。我发心用一颗慈悲心向上向善，利益众生，获得人间智慧。在修行的过程中，我逐渐发现，将佛学深入到企业管理中，能够起到意想不到的效果。

以行践言在巨海

人生是一场修行，修的是心，心修好了，凡事都会好。巨海不仅是学习知识、提高自我、实现梦想的平台，更是心灵修行的圣地。

巨海的每位家人，都在追求心灵的洗涤，智慧的升华，都在进行人生的修行。这种修行不仅是获取知识、成长精进，更是追求智慧、胸怀和格局。巨海的每一人，都以恩师为榜样，虚心、实腹，发心利众。

在巨海，恩师是最劳累的，也是最不怕劳累的一个人。他以超人的激情奋斗在演讲的道路上，又以无私的大爱投入慈善事业中。他是一位智者，感化与教导着每一位巨海家人。

我最喜欢的两个地方：一个是寺院，寺院是智慧的汇聚地。另一个便是巨海，我的生命在这里蜕变，又在这里绽放，我发誓用毕生的时间在此修行。

我想象不到，如果没有遇到恩师，如果没有加入巨海，我的生活会是什么样，我的人生又会是什么样。我对一些朋友说，如果没有走进巨海，我可能依然是那个不思进取的社会小混混。是巨海，让我放弃之前的自己，迎接新的生命。

当我的生命发生蜕变之后，我多么希望更多的人走进恩师的课堂，接受恩师的教诲，实现生命的绽放。

恩师的课程“一语定乾坤”是教授演说力、领导力、影响力、生命力的法宝，通过学习，能够让你打开自己、倍增能量，从而绽放自己。恩师讲授的是格局，是胸怀，是境界。恩师的演讲大气、震撼，富有感染力和号召力。在“一语定乾坤”中，恩师独创的“生命智慧的十大法门”已经影响、改变、成就了众多学员的命运。

生命的拥有在于时时感恩；生命的能量在于焦点利众；生命的伟大在于心中有梦；生命的强大在于历经苦难；生命的喜悦在于传道分享；生命的价值在于普度众生；生命的绽放在于内在丰盛；生命的幸福在于用心经营；生命的成长在于日日精进；生命的蜕变在于真正决定。

“生命智慧的十大法门”汇聚着恩师的智慧，它从生命得以改变的十大方面，阐述人生经世之道、修身之道，指引学员从内心走向美好的自己，遇见美好的自己，从而洗礼灵魂、升华思想、改变人生、绽放生命。

恩师在他出版的许多书中记录了我的故事，并且以我加入巨海的故事阐述“生命的蜕变在于真正决定”这一法门的真谛。而我时刻牢记“生命智慧的十大法门”的箴言，修行自我，绽放自我。

在恩师大智慧的引导下，许多企业家学员加入巨海，加入弟子班，追随恩师成长蜕变，最让我难以忘怀的是巨海弟子班游学的情景。

每一次游学都是心灵的超越，每一次游学都会遇见更加美好的自己。2014 年 5 月 20 日，巨海弟子班在九皇山游学。早上 7 点，恩师带领我们爬山，爬到半山腰时，恩师带领我们练习演讲，此时，开始下雨，当我们朗读完“生命智慧的十大法门”，雨便停了下来，阳光普照大地，天地之间顿时格外明媚。雨伴随着我们演讲的开始而开始，伴随着我们演讲的结束而结束，似乎是为我们准备。

我和恩师多次把这个故事讲给学员听。我们都认为这场雨是有备而来的，它似乎是等待着我们的演讲，给我们的演讲“配乐”。

我逐渐认识到，作为一名演讲者，应该经常进行户外演讲，拥抱大自然，同时，打开自己，融己于景，融情于自然。

我的人生有三怕：怕黑、怕高、怕在众人面前讲话。其中，怕黑、怕在众人面前讲话都已被我克服，唯有怕高我一直未能克服。

羌族人民在悬崖峭壁上开辟人行通道，人行通道极其狭窄，只容一人通过。我第一次走在这种狭窄的小道上，很是害怕，身下就是百米悬崖，若不留神，就会跌入万丈深渊。我鼓起勇气，慢慢移动身体，但依然心惊胆战。看到身边有一个人因为胆怯跪在地上爬行，我也跟在他身后跪在地上缓缓前行。亚里士多德说过：“勇敢乃是自信与恐惧中间之道”。

虽然我是跪着爬完悬崖通道的，但是，最终我以勇敢战胜恐惧，通过了悬崖峭壁。

生活中，我们会面临诸多困难与恐惧。在面对困难与恐惧的时候，应勇敢跨越，当你真正勇敢跨越，就会发现恐惧是那么的微不足道！

2015 年 9 月，恩师到澳大利亚，进行了一场高空跳伞活动，从未跳过伞的恩师第一次从千米的高空跳下来。当恩师安全着陆时说出了一句非常有哲理的话：“一切恐惧都是假象，事实根本不存在”。

我问恩师：“你在准备跳伞的时候害怕吗？”恩师说：“我很害怕，但是，我知道跳下去不会死。在跳伞的过程中，我不停地对自己说，‘活出生命的精彩，因为我比我想象的更有力量’，鼓励自己，给自己勇气。”

恩师跳伞和我跪地爬行通过悬崖峭壁上的小道都是在挑战人生的极限，都在挑战内心的恐惧，最终，恐惧被我们克服。有一句非常有哲理的名言：“征服恐惧、建立自信的最快最确实的方法，就是去做你害怕的事，直到获得成功的经验。”人生需要超越，需要挑战，只有这样，人生才更加辉煌。

2014 年 10 月 13 日—16 日，“纵横天下”商界领袖游学于黄山，在此次游学过程中，我把自己打扮成乞丐，拎一根棍子，戴一顶破帽子。我胡子拉碴，蓬头污面，伸手向过往的行人要钱，许多行人伸出了援助之手，有人给我钱，有人给我食物吃。为了答谢行人的爱心，在装扮完乞丐后，我和弟子班学员一起为行人表演舞蹈。

我对许多人说:“人生是一次体验的过程。敢于体验，敢于突破，才能快速成长。”恩师也说过:“体验到的才是真实的”。当我扮演成乞丐乞讨的时候，我似乎体验到了千千万万个乞丐的生活状态，体验到他们的辛苦，他们的无奈，于是，我更加珍惜现有的生活。我的内心也因此变得更加强大，我可以自豪地说:“从此之后，无论什么样的磨砺，什么样的挫折都打败不了我，因为，我连乞丐都做了，我还怕什么呢？有一天，我什么都没有了，我相信自己还能过得精彩无比，还能拥有生命中的灿烂。”

在有限的生命中，我们都应该体验不同的角色。生活就像是在演戏，扮演不同的角色，你会深切地感触到不同行业人们的生活状态。

人生在世，首先要把自己扮演好，然后成为一个多重角色的扮演者。在家中，我是一个儿子，是一个父亲，同时还是一个丈夫。充当什么样的角色，就应该把什么样的角色扮演好。

在巨海，我是一名员工，是一名讲师，是成杰老师的弟子，是巨海的副总裁，我会把这些角色扮演好。恩师说:“一位演讲者就是一个编剧，导演，演员。”演讲者要想获得认可，必须演好自己的角色。

2015 年 1 月 5 日—8 日，巨海弟子班密训在玉龙雪山隆重举办，企业家学员攀登雪山之巅，感受大自然的瑰丽。雄伟的雪山，白雪皑皑，给人一片纯洁的天地。从玉龙雪山下来后，发生了一件令我感动的事情。因为当天没有吃早餐，刚坐上车，我便开始晕车，随后感觉胃里翻江倒海地疼，然后吐在了自己的衣服上。成都的企业家学员潘伟看到后，急忙拿出纸巾，帮我擦拭，并递来一瓶矿泉水让我漱口。潘伟的精心照顾让我非常感动。

2015 年 7 月 5 日—6 日，巨海弟子班密训在中国秘境阿拉善举办。弟子班学员体验了沙湖之旅，感受草原的辽阔与浩瀚之美，探索了中国秘境的悠久历史文化，在怡情民俗中感受了阿拉善的粗犷与细腻，融情于景，亦学亦乐。古人云“读万卷书，行万里路”，游学不仅是一种阅历，同样是一种心灵的洗涤。在此次游学中，恩师说：“一个人的命运是由他的修为和作为决定的，修为是心，作为是行，修为和作为就是一个人的造化。”

每到一个地方游学，恩师都会给我们讲述当地的风俗文化及名胜古迹的发展历史。恩师广阔的知识面令所有学员折服，在我心中，恩师就是一部字典。

每一次游学，我都有不同的体验和感悟。我的心就像是在进行一次次长途跋涉的修行，而这修行，让我收获学识，收获智慧，收获人间的温情，收获世间的爱与感动。

结语

巨海是心灵的栖息地，是修行的道场，是获得智慧、发心利众的平台。我在恩师大智慧的影响下，修我心，修我行。我要以一颗利众之心，追随恩师，普度众生，改变更多人的命运。

拥抱幸福得不像话的人生

我有两个家，一个是巨海，里面有一群可爱的兄弟姐妹。另一个有我的爸爸、妈妈、妻子和儿子。我在两个家之间穿梭，感受着两个家庭带来的温暖。同时，在两个家中，我肩负着应尽的责任和义务。

当我在巨海这个大家庭里精进成长的时候，我在另一个家庭幸福地做着父母的好儿子，儿子的好爸爸，妻子的好丈夫。如果巨海这个家庭带给我的是改变、精进、感动，那么，另一个家带给我的是快乐、幸福、温暖。

当我为工作忙碌的时候，偶尔会忽略对父母、妻儿的关心。特别是出差在外，我会一心放在工作中，当讲课结束，静下心来时，我会非常想念父母和儿子，就和儿子、父母通过手机视频通话。

2002 年，我来到杭州发展，我的父母在上海。因为工作忙碌，我经常间隔半年回一次上海，看望父母。那时，我年轻气盛，常泡酒吧，出入 KTV，父母经常唠叨我。每次看望父母，因为厌烦父母的唠叨，便匆匆回到杭州。随着时间的推移，看着父母一天天衰老，我的心中却越来越惦记父母，想着能够时常伴随他们左右，给他们欢乐，便是最大的幸福。如今，虽然我经常出差在外，但是，在课程结束后，我会第一时间打电话给父母。

出差回到上海，如果没有紧急工作需要处理，我会第一时间回到家。我在工作之余，会抽出更多的时间和父母、妻儿待在一起。在和父母交谈的时候，我会多聆听他们的意见，哪怕是唠叨，也听得耐心和平和。

父母不在乎我给他们多少钱，而在乎我能否按时回家，能否和他们聊一聊家长里短。父亲不善言语，但是，从我缺吃少穿的童年开始，他一直为我默默地奉献。每每想起，在艰苦的岁月里，父亲把菜给我和妹妹吃，自己却蹲在角落里吃白米饭，父亲把一个西瓜切成两半，一半给我，一半留给家中其他人吃，我的眼眶总会湿润。

加入巨海，定居上海后，我每天早上都是 5 点半起床，在家吃早餐，6 点开车去公司。让我无比感动的是，父亲每天早上都会在我起床之前把粥熬好，母亲都会提前蒸好馒头。我每天都能够在家吃父母做的早餐，然后高高兴兴地去上班。

如果你是一个留心的人，懂得感恩的人，在与父母的相处中，你会发现，一个微笑、一个眼神、一个拥抱、一句嘘寒问暖、一句唠叨的话语、一顿早餐，都充满世界上伟大的爱。

父亲脾气不好，在我加入巨海之后，随着我的改变，父亲受我的影响，脾气有所好转。但是，父亲有时依然会发脾气。我理解父亲，无论他的脾气有多么坏，他的发心都是为我好。我没有一丝的责怪，也没有要求他能够改变，而是在他发脾气的时候，安慰他、劝解他。

在与亲戚相处中，父亲有浓厚的分别心，凡是姓“秦”的家人，他都非常热情，不姓“秦”，便有偏见。因此，他对妹夫不好，有几次，因为脾气暴躁，他差一点动手打妹夫。自从我加入巨海，从事教育培训后，父亲的分别心在我的影响下慢慢消除，现在，他和妹夫相处得非常融洽。每次父亲想要发脾气的时候，他都会说:“我要反省，我要反省……”父亲的转变让家庭变得更加和睦。我在给父亲洗脚之后，我的妹夫也开始为我的父亲洗脚。今年,我依然会召集妹妹、妹夫,为父母洗脚。如果有机会，在巨海今年的周年之际，获得“孝道之星”的家人们的父母到上海之后，我会给他们洗脚。巨海家人们的父母也是我的父母，不管是哪位家人，能够在上海生存下来，能够顶住生活和工作的压力，为巨海做贡献，都值得称赞，也值得我用一生的时间去结交。

在对“爱”的感悟中,我越发感觉“爱”不仅是纵向的延续,更是多面的延伸，把爱扩展开，传承下去，生命才更精彩。

我爱我的父母，由己及人，我也爱着巨海家人的父母，我会把巨海家人的父母当作自己的父母去爱。“老吾老，以及人之老；幼吾幼，以及人之幼。”这便是惠及众生的爱。

我发生改变后，我的儿子在我的影响下，也发生了巨大的变化，无论是学习，还是品德，都非常优秀。特别是在参加巨海的“未来领袖演说家”少儿班之后，他变得更加自信。站在“一语定乾坤”的讲台上，我只有5岁的儿子会做“能量操”和演讲“生命智慧的十大法门”，他的手势、表情，还有字正腔圆的演讲，俨然一位小小的演说家。当许多企业家夸我的儿子聪明可爱的时候，我感到非常高兴。现在，我的儿子有一个明确的目标，他对我说，他要做班长，并问我：“爸爸，我该怎么做呢？”我说：“首先，你的学习成绩要好；其次，要学会帮助别人。”他说：“爸爸，我一定会努力的。”

有一天，我的儿子问我：“爸爸，你有什么梦想？”我假装思考一会儿说：“我想把我家土豆（我儿子的昵称）培养成一位领袖。”他又问：“爸爸，什么样的人是领袖？”我说：“像毛主席一样的人就叫作领袖。”他立刻说：“爸爸，现在我有了第四个梦想。”

我的儿子有三个梦想：第一个梦想是成为一名小小演说家；第二个梦想是成为一名赛车手；第三个梦想是成为一名宇航员。现在他有了第四个梦想，是要成为像毛主席一样的领袖。

我在“打造商界特种部队”的课程上说过这样一句话：“有梦的人生叫作起航，没梦的人生叫作流浪。”我为我的儿子，能够在小小的年纪有如此伟大的梦想而感到自豪。我会用心培养儿子，使之成为对社会、对国家有用的人。

我儿子的优秀来自我的影响，来自家庭的教育，更来自在巨海课程“未来领袖演说家”少儿班的改变。

天下的父母都希望自己的儿子能够健康成长，能够成为学校的佼佼者，社会上的精英，我也不例外，我希望他将来能够成为一名演说家，继承我的利众之心，帮助更多的人。但是，这仅仅是我的希望，孩子喜欢什么，不喜欢什么，都由他自己决定，我只会成为他成长道路上的引导者，不会成为他人生的策划者。

罗·阿谢姆说：“一个榜样胜过书上二十条教诲。”大年三十，我在给父母洗脚的时候，儿子跑到我的身边对我说：“我也要给爸爸妈妈洗脚。”出差回到家，我给父亲捶背的时候，我的儿子急忙给我捶背，并且说：“爸爸给爷爷捶背，我给爸爸捶背。”我说：“爸爸没在家的时候，你要代替爸爸给爷爷捶背。”我的儿子乖巧地点点头。

我的妻子是勤劳善良的一个人，是我生命中值得感激的人。与一见钟情相比，我与妻子的相遇显得格外平淡。

在我 30 多岁的时候，父母已经为我的终身大事着急得寝食难安。过年回到上海，父母看到我一个人回来，依然没有女朋友，就把我数落了一顿。此后，在家的每一天，我都会被父母数落，我在被数落中过完年，然后，急急忙忙赶回杭州。不久，母亲在电话中对我说：“你走了之后，你父亲为你的终身大事操心过度病倒了。他希望你赶快找个女朋友。”我是一个孝顺的孩子，听到母亲这样说，我心里很难受，就对母亲说：“我的终身大事，你们说了算。”我的母亲高兴地连声说：“好，好……”

有一天，母亲非常欢喜地对我说："我给你介绍一个对象。"我说："谁？"母亲说："是你外婆家乡的。"后来，母亲把这个女孩子从上海带到杭州见我。第一次见到这个女孩子，她穿着牛仔裤和T恤，低着头羞答答地跟在母亲身后，看起来非常老实，又非常老土，短暂聊过之后母亲就带她回去了。

之后，我便继续忙碌工作。有一天，父亲询问我是否和这位女孩联系。我说："工作太忙，没有联系。"父亲非常生气地说："好，你不联系，我帮你联系。"

父亲为了我的终身大事，就和她聊了起来，还不时地请她到家中做客。我到上海后，和她交往几次，发现她善良、老实。尽管，她并不漂亮，但是她的善良、朴实、勤劳等优点决定着她会成为一位好妻子。

后来，她成为我终生的伴侣，我们结了婚。我爱我的妻子，在我眼中，她是天下最好的老婆。她默默无闻地为我付出，为家付出。这些就已经足够了，相敬如宾、平平淡淡才是真。有这样一段优美的话：夫妻之间是一份情，更是一份缘。唯其情也有限，缘也有终，才要格外珍惜，牢牢守护。

恩师说："生命的幸福在于用心经营。"我在日日精进，努力奋斗，实现着梦想。我孝敬父母，教导孩子，深爱着妻子，感受着亲情的温暖与爱，我便是幸福的。

结语

我有两个家，一个是巨海，里面有一群可爱的兄弟姐妹；另一个家有我的爸爸妈妈、妻子、儿子。我在两个家之间穿梭，感受着两个家庭带来的温暖。同时，在两个家中，我肩负着应尽的义务和责任。

中国梦，巨海魂

恩师对许多家人说："秦以金是巨海最有魂的一个人。"恩师所说的魂是一种精神。这种精神是对巨海的忠诚，对巨海的信任，是把生命融入巨海，和巨海同为一体。我很感谢老师给我这样的评语，我也曾在无数的场合真诚地说："我秦以金把命交给成杰老师，交给巨海，是成杰老师改变了我的命运，是巨海给了我梦想的平台。"

我热爱巨海教育培训事业，从结缘恩师的那一刻，我就深深爱上了教育培训行业。我把所有的热情和精力投入教育培训事业中，因此有了 128 天面对贴沙河的疯狂演讲、101 场成都免费演讲，有了把毕生奉献给巨海的志愿。得到恩师的认可，走入巨海后，我告别了过去那个秦以金，以崭新的面貌踏入了巨海，踏入了我生命的归宿。

今天，巨海以势不可当的速度发展，立于教育培训之林。巨海的分公司遍布全国的同时，我的生命也在完美绽放。我看到了巨海的辉煌，也看到了生命的绽放。我看到了一个个生命在巨海蜕变，看到一个个生命在巨海精彩，我的内心充满了喜悦，这种喜悦是任何语言和任何文字都不能描述的。

我把巨海当作生命的归宿，把巨海当作我修行的道场。在这里，我和无数巨海学员一起，吸收人间的大智慧，在生命的舞台上绽放。

巨海集团发展到今天，经历了无数风风雨雨的岁月，也经历了无数举步维艰的日子。初创巨海，恩师失望过，伤心过，面对艰难困苦，恩师没有放弃，面对一路荆棘，恩师坚持了下来。

今天，我们可以坐在2000平方米的高档办公室里工作，可以和身价过亿的企业家聊天，可以享受着公司的各种福利，我们的内心充满着感恩，充满着祝福。

在山西讲课的时候，我听到一个故事，听完这个故事后，我泪如雨下。

那天，恩师和我，还有他的一个朋友在一起吃饭。酒过三巡，他的朋友突然大哭起来："兄弟，那个时候，我只有3000块钱。"他刚说完，恩师也流泪了。

这件事，要追溯到恩师创业初期。恩师在创业初期，由于经济困难，没有钱给员工发工资，刷爆信用卡之后，还是没有凑齐工资。为了保证及时发放工资，恩师只好打电话向这位朋友求助。

他和恩师是最好的朋友。他知道，如果不是到了最困难的时候，恩师不会向他救助的，可是，这个时候，因为囊中羞涩帮不上最好的朋友，他感到特别伤心。

他把仅有的 3000 块钱借给了恩师。

当他流着泪把这件事讲给我听了之后，我向他鞠三个躬，抱着他痛哭。我曾经听恩师说，在创业初期，由于没有钱给员工发工资，借了朋友 3000 块钱，却不知道恩师所说的朋友就是眼前的这位。

我无数次听恩师说过这样一句话："在我富裕的时候，给我 30 万块钱，不如在我贫穷的时候，借给我 3000 块钱。"每次听恩师讲到这句话的时候，我都会疑惑恩师为什么会说"3000"这个数字，为什么不说"2000""4000""5000"。现在我终于明白，恩师之所以这样说，是因为他时时刻刻都记着朋友的恩情。

我也创过业，我理解恩师为发工资刷信用卡的滋味，我知道企业家在经济窘迫时要忍受多大的压力。

每每想到这个故事，我都会泪流满面，我能够在恩师创建的平台上蜕变，能够跟随恩师一起普度众生，是我今生最大的福分。

还有一个故事，每每想起，我都会被恩师的奋斗精神所鼓舞。那天，恩师出差回来，我到机场去接他，把他送回家，帮他把行李拿进屋。他洗了脸，和家人一起吃晚饭。刚吃完饭，恩师把行李放到车上，准备再次出差。

恩师出差刚回到家，却又再次出差，中间相隔只有 1 个小时，而这 1 个小时只是一家人在一起吃顿饭的工夫。

当恩师走出房门，他的丈母娘抱着他只有 1 岁多的儿子出门相送。通过观后镜，我看到老师的眼睛湿润了。恩师把儿子抱入怀中，亲了一口后，打开车门，坐进车内。看到这一幕，我的眼泪流了下来，我也是一个父亲，我理解恩师的心情。如果换作是我，我可能放弃出差的机会，在家待一段时间，陪伴儿子。

有付出就有收获，有失去才会得到，恩师为了巨海的事业，为了巨海辉煌的明天，放弃了太多陪伴家人的时间。在以后的讲课中，我会把这个故事传播给更多人，让更多的学员能够以老师为榜样，坚持不懈，追求梦想。

巨海从 2008 年创业初期 5 个人的创业团队，发展到今天近千人的团队；由上海一家分公司，发展到杭州、金华、嘉兴、衡水、枣庄、成都、绵阳、眉山、乐山、宁夏等 60 家分（子）公司。反观今天的成就，巨海一路走来的艰辛有多少人能够想象到？恩师承受的压力又有多少人能够理解呢？

我时常告诉自己，在巨海，如果我不能认真工作，不能用生命服务巨海，那么，我将对不起恩师，对不起与恩师一起创业的 5 位元老。有许多人不理解恩师一路的风风雨雨与艰辛困苦，不能与巨海融为一体，但是，我能够理解恩师。我热爱巨海，我愿意把生命交给巨海。

我一直心存敬畏，敬畏恩师，敬畏巨海的客户，敬畏巨海的每一位家人。我发自内心地希望巨海的客户和家人因巨海变得更加美好。

我所具有的“巨海魂”来源于恩师，或者说是恩师给了我巨海魂。恩师的利众之心及大爱给了我莫大的动力。在恩师的课堂上，无数学员在发生改变后，跪下来感谢恩师。如果不曾心存敬畏，如果没有真正触及灵魂，他们怎么会以中国最高的礼节来感谢恩师呢？

如果没有遇到恩师，我依然是那个没有梦想，没有追求的人；如果没有遇到恩师，我依然过着整天泡酒吧，泡 KTV 的生活；如果没有遇到恩师，我仍旧过着混沌不堪的生活……我是被恩师挽救的无数人中的一员，我深切理解被救之后的心情，也非常理解人生蜕变之后的喜悦。

恩师弟子班学员邬才蓉，因为恩师的课程突然顿悟，生命发生蜕变，最终，从不敢上台讲话到站在讲台上侃侃而谈，并且，初中没毕业的她还养成了读书的习惯。邬才蓉今年已经 50 多岁了，巨海家人都亲切地叫她邬妈妈，她非常喜欢成杰老师讲解的“生命智慧的十大法门”，她说，“生命智慧的十大法门”让她的生活变得更加幸福，人生变得更美好。在巨海 6 周年庆典上，她在分享蜕变的过程时，泪流满面地说，巨海给了她重生的机会，成杰老师给她了第二次生命。她跪下来感谢恩师。恩师走上讲台，给她深深的拥抱，此情此景，感动了全场。

巨海讲师团讲师孙蔚，在没加入巨海之前，因为家庭的一些事情，生活很辛苦，也很痛苦，是恩师给她指引了生命的方向，给她点亮了人生的希望，化解了她所有的痛苦。在恩师的课堂上，她尽情地绽放，不断改变。

恩师说：“人生的幸与不幸，都是你自己吸引和招惹的结果。”她深深理解了恩师的这句话，面对命运，她摒除了所有抱怨，摒除了所有的怨恨，选择了改变，她真正懂了：改变是痛苦的，不改变会更加痛苦。

2015 年 4 月 8 日下午 5 点，巨海集团为期 8 天的“为爱成交·挑战赛”圆满结束，孙蔚以 19643 册的销售量独占鳌头，一举夺得冠军宝座，赢取奥迪 A4 汽车大奖。

在荣誉面前，她说：“我可以不吃饭，不睡觉，都要势必达成目标，都要拿到冠军，不是冠军很重要，而是荣誉很重要，我从宁夏来，我不能给宁夏人的脸上抹黑，我要给家族争光，我要协助成杰老师达成每个目标。”

她还说：“来到巨海，我才明白了活着的意义和价值，来到这个世界上每个人都有自己的使命，我的使命就是协助成杰老师把巨海做好，共同完成 101 所希望小学的梦想，帮助更多人。”

因为恩师，因为巨海，生命发生蜕变的例子还有许多，不管是邬妈妈，还是孙蔚，如果不是真正理解生命蜕变之后的意义和价值，她们怎会以此感谢巨海，感恩成杰老师？

我有三个梦想。第一个梦想：我非常渴望巨海有一天能够上市。我会尽全力协助恩师把巨海集团打造上市。我也相信巨海集团能够上市。

第二个梦想是：3 年之内，我要研发一门具有震撼力、杀伤力的课程，这门课程是“佛学修行”和“企业管理”的完美结合。我希望这门课可以帮助更多企业。

第三个梦想是：3 年之后，我要在公司附近买一套别墅，以便我有更多时间陪家人。别墅周围的环境要好，我希望父母能够在好的环境中生活。

每个有梦想的人的内心都有一张地图，他们知道自己的前方在哪里，路要怎样走，一路上会看到哪些风景。

我依稀看到了梦想实现后的情景。

结 语

在巨海，有许多故事感动我，感染我，给我前进的动力。在人生的道路上，恩师给了我第二次生命，恩师让我一点点蜕变，遇见了今天的美好。如果没有遇见恩师，就没有今天的秦以金。

后记

加入巨海至今，时间如流水般逝去，回想走过的岁月，让人难忘，让人怀念。如今，在巨海的每一天，我都倍加珍惜，跟随恩师的每一次精进，都让我心存感激。多少个日日夜夜，我都想把人生的故事，特别是在巨海的成长蜕变写成一本书。我希望发生在我身上的改变，可以影响更多的人，我也衷心希望，更多有志之士加入巨海，进入巨海这一片神奇的天地。我相信你会在巨海平台上遇见最好的自己。

今天，终于完成了这本书，我的心中却生出诸多疑虑，我在想，这本书到底能给你带来什么，会不会被你束之高阁，当你看到我的蜕变之后，心中会不会像湖面投入了一块石头那样荡起涟漪。我颤悠悠地把自己的过往、过往中的人和事原原本本地展现给你。在这个过程中，我就像是一个等待实验的小白鼠，躺在手术台上，一览无余。

我可以鼓起勇气对你说，书中描述的就是我——秦以金，从一个自私自利的小企业家到利益众生的讲师，从一个没有目标、没有梦想的人到寻求人生绽放与蜕变的追梦人的蜕变过程。

在写这本书的过程中，我无数次泪流满面，不是因为我太过矫情，而是这一路经历让我心生太多的感慨与感动。这种感动源于巨海，源于我的恩师，源于巨海的每一位家人。当你手捧这本书的时候，我希望它能够给你带来一些感动，一些震撼。

当你看完这本书的时候，如果你无比热爱巨海这个充满感恩、充满感动的平台，对巨海心之所往，发生生命的蜕变，便是我最大的欣慰。

一个人的蜕变是和原有的自己说再见，也是洗去生命的尘埃，还原真实的自我。在你烦恼的时候，在你懵懵懂懂、没有梦想、没有目标的时候，我希望你能够静下心来，读一读我的故事、巨海的故事，或许，你会从中获得前进的力量。

恩师在我的心中就像是一尊佛，有着佛的高大与伟岸，也有着佛的慈悲与大爱。他从农村走来，有着勤奋，有着对梦想的执着，凭着不向命运低头的倔强性格，一步步走到今天。

恩师像是一个大觉悟者，用震撼人心的演讲和博学多识的才华改变每一位学员。

恩师更像一个“阳光”的播撒者，他照亮了渴望改变者的心灵，普度他们走向光明。而我就是众多被普度者中的一位。

恩师是一位大爱天下的慈善家，他发愿用毕生的精力捐建101所希望小学。在不懈地努力下，2010年他成功捐建了四川省西昌市巨海百圆希望小学；2011年他成功捐建了四川西昌市开元乡巨海希望小学；2013年他成功捐建了西昌市巨海成杰希望小学；2014年他成功捐建了新都桥巨海希望小学；2015年他成功捐建了康定巨海赖星宇希望小学和康定巨海周潇潞希望小学……

恩师是一位成功的企业家，他创建的巨海集团以“帮助企业成长，成就同人梦想，为中国成为世界第一经济强国而努力奋斗”的伟大使命叱咤在培训界。巨海集团是我生命的归宿，是众多巨海家人实现人生梦想的平台，也是众多企业家学员突破生命束缚、绽放自己的平台。

恩师是一位畅销书作家，他把智慧的甘露以墨香泼洒世间，把思想的烟花以文字照耀人类，经他策划出版的畅销书达100多部。

我发誓用毕生的时间跟随恩师，与恩师一起奋斗在教育培训界，并且协助恩师完成101所希望小学的捐建。我希望有一天巨海能够上市，希望巨海在世界的舞台上普度众生。

这本书详细记载着我的蜕变过程。当你看到这本书的时候，请你为我见证，也请你相信，我已经把命和魂交给了巨海，我热爱巨海超越了自己的生命。

本书能够出版，我要特别感谢恩师，是恩师的谆谆教诲，才有我今天的飞速成长，在这本书中，我讲了大量和恩师之间的故事，这些故事或感人，或励志，或震撼人心，我希望你看后能够获益。

我要感谢巨海的所有企业家学员，因为你们的支持厚爱，巨海才有今天的辉煌，因为有你们的成长蜕变，巨海的存在才有意义和价值。我说过："巨海学员的事情，就是我秦以金的事情，我将尽全力帮助所有的学员。"

我要感谢巨海的家人，我要由衷地对巨海的家人说："你们辛苦了，是你们英勇奋战，不放弃、不气馁的精神鼓舞着我，激励着我，是你们的付出，才有今天巨海的强大。你们是我的战友，是我的朋友，更是我的家人，我爱你们！"

附录

巨海秦以金：一个浪子的救赎之路

静坐、读书、晨跑，然后赶赴机场，前往下一个城市。在最近这两年里，秦以金把起床时间从之前的 5 点调整到了 4 点，这是一个 41 岁的男人对自己的苛刻要求。

在大部分中年男人正手捧保温杯，喝着“枸杞大枣水”的时候，秦以金创造了巨海集团的一个纪录—— 1 个月，8 堂大课，16 座城市，20 多天的特种部队训练。没人知道这意味着什么，但因为体力不支而病倒昏迷的“90 后”助理，显然深有体会。

五年前，秦以金从巨海集团董事长成杰老师手上接过《打造商界特种部队》课程，他不负众望，不管是团队训练还是知识讲解，都能做到近乎完美。直至如今，他已经主持了 1000 多场大型活动，为成百上千家企业进行过团队建设。

无论何时，他都能做得游刃有余，挥汗如雨中叱咤舞台。帮助上千家企业提升团队的战斗力、执行力、凝聚力，影响上万名员工树立正确的人生方向，实现自我的人生价值。

几个月之前，秦以金刚刚完成了对伴宇集团的高管内部培训。这家优衣库、ZARA 等国际大牌指定的服饰代工厂，曾面临“新老接替”的难题，“老人”不愿走，“新人”上不来。但在秦以金培训课程结束后，不少“老人”意识到自己的问题，主动配合公司的人员调整和战略方针。“新人”们更是团结一致，意气风发，立志为助力伴宇发展腾飞全力以赴。

伴宇集团只是秦以金《打造商界特种部队》课程里一个普通的例子，作为企业团队建设专家，在他手上完成转变的企业，已经数不胜数。每一个经过培训的企业，都仿佛被打了一剂强心针，充满了活力与生命力。

“真的太神奇了。”一位企业家在培训结束后感叹道。“神奇”对于秦以金来说，是他近几年来收到的最多的赞誉。是以，尽管他的课程在不断地增值增价，但预约的企业依旧排到了 2018 年初。

“生命是一场华丽的蜕变”，秦以金在他的自传《我就是我》的封面写了这样一句话。而他更是用自己的实际行动，从自己“蜕变”，到帮别人“蜕变”，他影响着无数的同仁和企业家，改变着千千万万的企业。

凯哥的“江湖”

在巨海集团的内部培训课前一天晚上，秦以金去酒店健身房做了几组负重深蹲。

“好久都没上过这么大重量了，早上起来屁股疼得不行，裤子都穿不上。”他这句话逗笑了台下的巨海同仁们。你很难从秦以金身上看到岁月的痕迹，结实的胸肌把衬衫撑出褶皱，小腹平坦无比，这些都不像是这个年纪的人该有的配置。

永远精神抖擞，永远活力充沛，永远乐观积极。公司里的年轻人谈及秦以金时，总是颇为感慨：“他比我们年轻多了。”而这一切都源于他走进了巨海，在这个充满正能量的平台不断地凤凰涅槃，浴火重生。

在 2012 年加入巨海之前，秦以金干过 8 年舞蹈演员，为郭富城和张惠妹等当时一线明星做过伴舞。也当过美容美发店老板，拥有 36 家分店，掌管 600 多名员工。

上世纪 90 年代初，在大部分年轻人还不知道什么叫做“万元户”的时候，他便已经在酒吧和 KTV 抛金撒银。“每天醒来已经下午了，吃点东西然后又去酒吧，天天如此。”

每次秦以金出门的时候，都有无数小弟跟随左右。他给他们吃香喝辣，他们为他两肋插刀，而“凯哥”这个外号也诞生在那个“激情燃烧的岁月”。

因为员工和一个客户发生冲突，客户砸碎了美发店里的茶壶和几面镜子。怒不可遏的秦以金带着“兄弟们”提着一把马刀将那人逼到一个海鲜市场的角落里，并成功拿到了2万元“赔偿金”。

事后，秦以金拿出1万元砸在桌子上犒劳大家。从那之后，“凯哥”的小弟又多了好几个。终日的纸醉金迷与江湖义气侵蚀着这个年轻人，在吹捧之中他逐渐迷失了自我。

随着分店越开越多，秦以金发现自己有些管不过来了。

一方面，早期的美容美发行业发展比较粗放，从业人员多数来自农村，文化程度普遍不高，也没有什么服务意识；另一方面，秦以金也没有花多少心思，丰富的夜生活消耗了他大量的精力。

管理上的疏忽，加上市场竞争的日益激烈，秦以金的几家分店出现了亏损。他将责任归咎于店长工作不力，而店长却认为他领导无方。争吵成了每天内部会议的主题，愤怒之时，秦以金甚至会在会上说脏话。

江湖义气也许是武侠小说里必不可少的桥段，但绝对不是管理企业的方法。最终，秦以金用关掉几家店的代价弄明白了这个道理。

自救与救人

那可能是秦以金这辈子都不可能忘记的日子，2011年12月28日。

在一次店长会议上，巨海集团一位销售人员来到他公司里。

会上，秦以金正因为几位店长的辞职异常恼怒。“你们都给我好好干，不好好干，我饶不了你们！”

秦以金并不喜欢这样的方式，但除了这样语言上的“威胁”，他似乎已经找不到更好的办法与下属沟通交流。

“秦总，你连会都不会开，怎么管理公司。”这位巨海的工作人员直言不讳地指出了他的问题。凯哥显然没有受过这种指责，在成为老板之后，还没有任何一个人敢这样说自己。

“你说啥，你再说一遍！”秦以金二话不说，便要把这个人往外赶，但在走之前，这个人留给了他两本书。其中一本他已经记不起书名了，另一本是《谁是下一个演说家》。

一个月之内，四个店长离职，秦以金的美发店似乎已经出现了问题。他将自己关在办公室中，考虑着美发店的未来，而一切似乎一筹莫展。思考之余，他随手拿起那本《谁是下一个演说家》翻看起来。

这个从来都不会花时间读书的人，那天下午用了三个小时把那本书看完了。秦以金仿佛从这本书中找到了自己的影子，那个叫做成杰的主角同自己一样出身贫寒、来自农村，立志用毕生的时间和精力捐献 101 所希望小学。而自己却终日在个人得失中计较，在灯红酒绿中迷失。

两天后，秦以金出现在了成杰“一语定乾坤”的培训现场。他要亲眼看看这个叫成杰的人，与自己有何不同。他还记得，那是一个比自己年轻许多的小伙子，他站在讲台上，在灯光的照耀下显得英俊而有魅力。

他用充满磁性的嗓音为各位前来培训的企业家说着:“讲话积极正面，向上向善就在普度众生;讲话消极负面，向下向恶就在谋财害命”、“说故事，谈梦想，给希望”、“企业如何选人育人留人用人吸引人”、“爱没有增加，一切都是枉然;爱一旦增加,一切即将改变”、“做企业家要有大爱精神,有格有调”……

这些话，秦以金之前完全没有听过。在那场培训里，他时而泪流满面，时而开怀大笑，情绪随着课堂氛围而变化着。培训结束后，秦以金感觉到了自己微妙的变化，这仿佛是一场心灵的洗礼。洗去了傲慢、偏见、自私和贪欲，他好像又回到了自己的孩童时代，内心变得纯净与清澈。

课程结束的那天，是 2011 年的最后一天。尽管已至深夜，秦以金仍激动不已，他回味着当天成杰的讲课内容。索性，他拿起手机，发出了那条改变他下半辈子的短信:“老师，你好!我是秦以金，再过几个小时，我将迎来 36 岁的本命年。我也想成为像你一样的演说家，可我这么大年纪，你看行么?”

“以金，只要用心，就有可能;只要开始，永远不晚。”成杰老师的回复给了秦以金巨大的信心，也让这个桀骜不驯的浪子找到了回头的路。

第二天，是 2012 年的元旦。秦以金 5 点 40 分便出了门，拿着那本《谁是下一个演说家》顶着雨夹雪在城东公园附近的河边练习演讲。他配着手势，一遍又一遍地对着河水练习，直到自己满意为止。

练完演讲过后，秦以金回到家，吃过早饭便早早来到公司。

员工们惊呆了，这个经常下午两三点才起床上班的“凯哥”，今天居然 9 点不到就来了。

没人知道在秦以金身上发生了什么，他只告诉过自己的副手，早上会在公园练习演讲。为了验证真实性，副手有一天早上悄悄开车来到公园的河对岸，拍下了秦以金练习演讲的照片。

改变是有目共睹的，员工们发现“凯哥”变得文雅了，也很少在开会时发火了。他用在成杰课堂上学到的知识，去解决公司日常管理所面临的问题；用充满智慧的语言，去化解员工之间的矛盾。

秦以金的变化影响着手下的每一位员工，他们开始更加努力工作，服务过程中也充满热情。所有的一切都被隔壁的酒吧老板看在眼里，他特意邀请秦以金为自己的员工培训，还支付了他 2 万元的酬劳。

从那过后，秦以金的名声便渐渐大了起来，有许多周边企业老板闻讯赶来，付费邀请他为自己的员工培训。

这一次，从“自救”到“救人”，秦以金用了 128 天时间。他常说：“一个人改变自己是自救，一个人影响众生是救人。”

追随、圆梦

秦以金是幸运的，他在 30 多岁就遇到了改变自己一生的那个贵人。

在褪去一身“匪气”和“恶习”之后，演讲成了秦以金最主要的爱好。他对成杰老师表示过，要拜这个小自己 6 岁的年轻人为师，学习演讲。

成杰老师没有马上答应秦以金的要求，而是对他提出了前往成都进行“101 场免费演讲”的拜师考验。3 个月时间，进行 101 场演讲，这不仅仅是毅力的考验，亦是体力的考验。

短暂的迟疑后，秦以金下了最终决定——去！向公司副总交接完工作后，他去超市买了几箱方便面和矿泉水放在后备箱，便准备独自驱车前往成都。

学习演讲这样的理由，显然无法说服家里人。为了证明自己不是误入传销组织，秦以金把所有的银行卡都交给了爱人，身上只带 6000 元作为路途开销。

1 个人、1 辆车、38 个小时、2100 公里，秦以金从杭州来到了成都，开始了他 101 场免费演讲。

秦以金的第一场演讲是从巨海成都公司的内部开始的，他以自己的成长故事为主线，并结合执行力、团队打造和感恩奉献等多个方面进行了分享。演讲对台下的人触动很大，许多人都留下了眼泪，而秦以金也真正体会到了教育培训行业的伟大。在他看来，没有哪个行业比教育培训更能帮助他人。

101 场演讲对于秦以金来说并不是一个煎熬的过程，他热爱演讲，享受每一次站在讲台上的感觉，也惊讶于自己潜移默化的成长。

最终，在 101 场演讲结束之后，秦以金加入了巨海，也如愿以偿地成为成杰老师的爱徒。

在巨海里，有两个事情与秦以金是分不开的：一个是“成长突击队”，另一个是《打造商界特种部队》系列课程。

成长突击队是巨海员工自发组织的一支团队，成员每天早上 7 点之前便会到达公司学习、成长，如今已经坚持了 2000 余天。

在加入巨海之后，秦以金被推举为巨海成长突击队的总教练。他坚持每天 6 点半之前来到公司，风雨无阻，即便是出差的当天也会带领突击队队员学习，然后再赶往机场。

正是由于秦以金在“巨海成长突击队”的优异表现，成杰老师决定将自己的经典课程《打造商界特种部队》逐渐交给秦以金主讲。这是一堂针对企业中高层管理者、企业重点培养人员而研发的课程，专门为企业打造具有军队一般执行力的团队。

这堂课自上线以来，便受到企业主们的追捧。秦以金在接过恩师成杰老师的“教鞭”时，内心是忐忑的，他并不确定自己是否能够胜任这一角色。事实证明，仅仅只用了 6 个月时间，秦以金便拿稳了教鞭。

在所有培训过的上百个企业中，秦以金保持着零差评的口碑。每一个企业员工都对他赞不绝口，称他是一个伟大的老师。

其中最为知名的要数波司登集团，这家百亿级的上市公司，在 40 周年大庆的时候，指定要求秦以金为集团高管进行三天两夜的培训。

波司登曾在 2016 年邀请秦以金对高管团队进行过内部培

训，年底时复盘反馈，业绩同比去年增长超过30%。要知道，对于一个年销售额超200亿元的上市企业来说，30%的业绩增量已是一个天文数字。

提及这些辉煌战绩，秦以金更多的是享受而并非炫耀。正如他在书中写的："影响他人，改变他人，这是多么引以为豪的事情，又是多么伟大的事情"！

中国心，巨海魂

2017年是秦以金来到巨海集团的第6个年头，他常被成杰老师称为是这里最有"巨海魂"的一个人。

没有多少人明白什么叫做有"巨海魂"，但秦以金知道，魂是精神。他热爱演讲，热爱教育行业，更热爱曾经带给他第二次生命的恩师和巨海。所以，他全身心地投入到这份事业中，正是这样的投入赋予了秦以金"魂"的属性。

每个有梦想的人内心都有一张地图，他们知道自己前进的方向在哪里，路要怎样走，一路上会看到哪些风景。

2018年将会迎来巨海集团十周年这一充满历史性的时间，巨海美好的愿景"打造中国最具正能量的教育培训机构"深深地扎根在每个巨海人的心中，引领每个巨海人努力奋斗！

秦以金也不例外，这个充满活力的"年轻人"正跃跃欲试，就像他当初下决心去成都进行101场免费演讲一样——永远年轻，永远热泪盈眶。

“只要用心，就有可能；
只要开始，永远不晚。”

打造商界特种部队

·中国团队建设首选课程·

讲师简介 | Lecturer Introduction

秦以金 巨海集团副总裁
中国团队建设专家
巨海集团首席讲师
成杰老师嫡传弟子
上海巨海成杰公益基金会理事

由亚洲顶级实战名师、巨海集团创始人成杰老师，卓越团队建设专家秦以金老师等多位团队建设专家历时多年，针对企业中高层管理者、企业重点培养人员而研发的巨海公司品牌团队建设课程《打造商界特种部队》：全程互动式教学，寓教于乐；分团队PK，从竞争中学习、进步、成长；全面提升您企业的战斗力、执行力、凝聚力，实现企业高效率运作，帮您打造具有自主性、思考性、合作性的卓越团队。

生命就是关系，关系源自互动，互动的目的是传递爱。

课程大纲 | Curriculum Outline

1 思想+行动

- 如何明确团队的愿景、使命、价值观？
- 如何运用思想管理工具高效“管”人？
- 如何实现企业学校化、管理军事化、领导导师化？

2 军事化训练

伟大的企业家是熬出来的；优秀的骨干是折腾出来的；一流的员工是训练出来的！给您的企业注入军魂，让您的企业全面提升战斗力、执行力、凝聚力，实现企业高效率运作，无往不胜！

3 冠军团队八项精进

- 十年战略看人生
- 只要用心就有可能
- 凡事全力以赴
- 激情成就梦想
- 永远积极正面
- 每天进步1%
- 承担才会成长
- 付出才能杰出

4 卓越管理者的修炼

- 管理者的角色——队长兼教练
- 管理者的定位——人才复制
- 管理者的为人处世原则
- 管理的五力模型：
  1. 对上级：追随力 2. 对下级：领导力
  3. 对外部：影响力 4. 对内部：执行力
  5. 对自己：平衡力

5 团队执行力

合理的是训练，不合理的是磨炼，合理不合理的都是修炼。

6 分享+汇演

没有执行，一切都是空谈！
执行的核心：一切以成果为导向！

课程效果 | Course Effect

1 像长征红军一样作风优良

通过员工培训课程的系统学习，使员工相互之间团结一致、做事雷厉风行、面对困难艰苦奋斗，修炼英勇顽强的工作作风，使受训人员养成良好的工作和生活习惯，提高员工的工作效率、综合素质，迅速提升企业的形象和业绩。

2 像西点军校一样执行彻底

培养员工绝对服从的执行命令意识，形成强大的任务执行力，使服从成为一种习惯，烙下立即执行的强烈意识，培养积极执行任务的良好习惯，一切以成果为导向，确保目标的实现。迅速提升企业的形象和业绩。

3 像“钢七连”一样团结向上

建立员工强大的自主管理纪律观念，人人成为遵章守纪的典范，增强受训学员的自觉性和凝聚力，树立团队的荣誉感和自豪感，提高团队的凝聚力和战斗力。

4 像巨海战士一样斗志昂扬

通过团队建设课程的系统学习，能够改变员工的精神面貌和战斗士气，树立良好的正面形象，强化个人及团队的责任意识，增强团队荣誉观念，打造团队的精神面貌和昂扬的士气，使团队时刻充满激情！

《打造商界特种部队》波司登集团专场内训

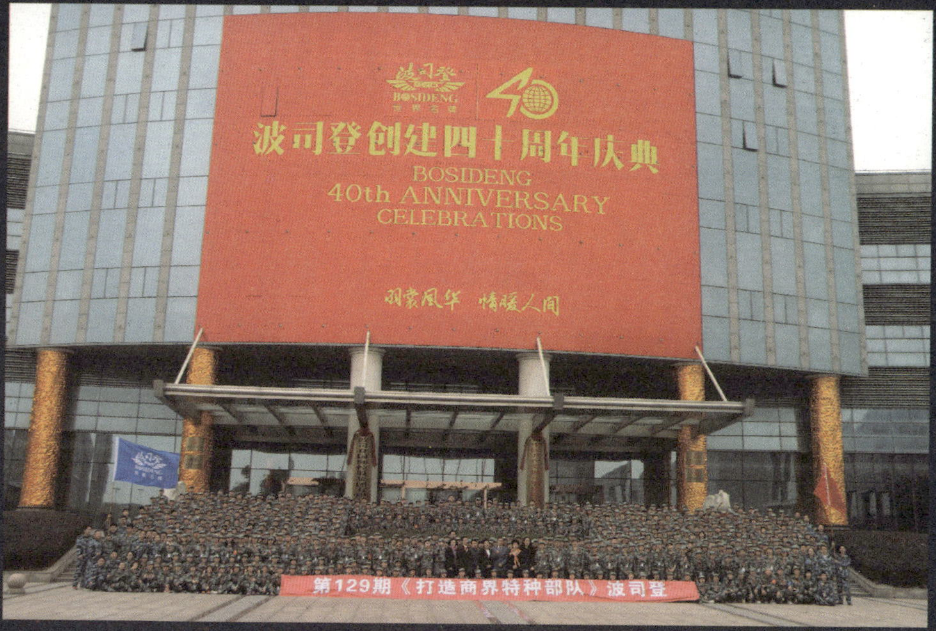
波司登
BOSIDENG
波司登创建四十周年庆典
BOSIDENG
40th ANNIVERSARY
CELEBRATIONS
羽裳风华 情暖人间
第129期《打造商界特种部队》波司登

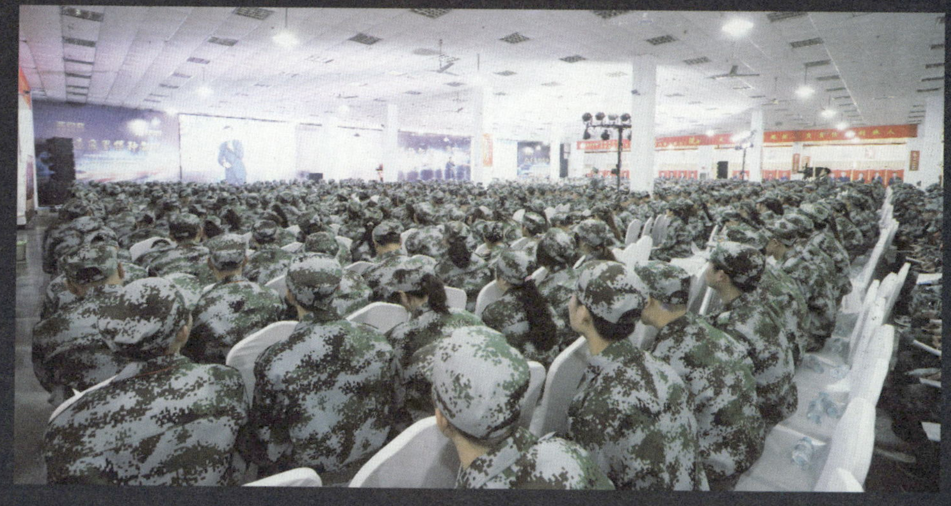

《打造商界特种部队》伴宇集团专场内训

与伴宇集团董事长

黄德荣合影

人生两件事情不能等：
一是孝顺长辈，二是成长
自己
我要用我成长的速度来
超于我父母老去的速度

▲ 与国际功夫巨星李连杰先生合影

▲ 与世界第一名销售训练大师
汤姆·霍普金斯合影

▲ 左1巨海集团董事长成杰先生、左二波司登集团董事长高德康先生、右二波司登集团执行总裁梅冬女士

巨海集团

热烈祝贺秦以金老师
提取百万豪车路虎

2011年12月31日参加巨海集团《一语定乾坤》课程是他与恩师成杰的第一次相遇。每当忆起这一天时，他都会说，那是改变他人生命运的一天，他一辈子都不会忘记！

秦以金是一位事业有成的企业家，由其创立的杭州清沙美容美发有限公司，现有门店20多家，员工700多人，为杭州美容美发市场第一品牌，在上完成杰老师的《演说智慧·终极班》课程后，他深深地被老师的格局与大爱天下的胸怀所感动，立志改变自己，成为一个像成杰老师一样拥有无限魅力的演说家。

从第四期《演说智慧·终极班》开始，不管成杰老师的课在哪个城市开，他都一路追随，风雨无阻，随后，他又接收成杰老师的感召，只身一人奔赴成都，协助巨海成都分公司团队建设，并免费为企业公益演讲101场！

最终在巨海四周年庆典的现场，在300多位嘉宾的共同见证下，他正式拜成杰老师为师，成为老师继陈天星之后的第二个嫡传弟子，实现了这个心中暗暗许下的愿望！此次收徒之后，成杰老师表示将培养秦以金为《打造商界特种部队》的主讲老师，在巨海的舞台上他以崭新的面貌迎接事业新的辉煌。

秦以金老师从昔日的好学生到今日被无数企业家尊称为师，并与成杰老师在全国面对100人、500人、1000人……进行巡回演讲；从师父的手中接过了中国团队建设首选课程《打造商界特种部队》的大旗，撑起一片天空。

感悟：
时光匆匆流去，回首追随成杰老师脚步，一路走来，看到的，听到的，感受到的，让我倍感欣慰，也倍感自豪与温暖。这注定是一段人生中难忘的经历，一段不会因为碌碌无为虚度年华悔恨的生活，如果非要用一句话来浓缩过往的300多个日日夜夜，我只能说："成杰老师，遇到你，真好。是你改变了我的命运，你的格局，你的大爱，你的勤奋好学，你的激情，你的真诚，还有你的帅气，都给了我无穷的震撼与激动。今天，我可以无比坚信地肯定，追随你，是我一生中最明智的决定之一。成杰老师，如果没有遇见你，我将会是在哪里！"

成杰老师赠送秦以金老师百万豪车"路虎"

秦以金老师一直投身于巨海101所希望小学的爱心公益事业中，多次到山区考察，一对一资助贫困学生，现任上海巨海成杰公益基金会理事。并于2017年5月捐建泸州市巨海秦以金希望小学。

巨海101所希望小学

HOPE PRIMARY SCHOOL

上海巨海成杰公益基金会账号：1001288309300317095

开户银行：中国工商银行上海市临空支行

上海巨海成杰公益基金会联系电话：021-60702058

上海巨海企业管理顾问有限公司是由领袖型企业家成杰老师与多位当今亚洲顶级实战派大师共同创办。

巨海公司成立于2008年10月，从最初的5个人的创业团队发展到今天1000多人的精英团队；从上海一家公司发展成为上海、浙江、江苏、广东、四川、北京、河北、内蒙古、成都、重庆、绵阳、雅安、攀枝花、凉山州、泸州、兰州、郑州、枣庄、无锡、金华、东阳、义乌、苏州、常熟、南通、温州、柳州、眉山、乐山、临安、宁波、嘉兴、双流、温江、郫县、天府新区、江津、永川、渝中、铜梁、璧山、合川、万州、南岸、安徽……80多家分（子）公司。

巨海公司是一家集巨海商学院、巨海管理干部商学院、未来领袖商学院、企业实战管理、领袖魅力演说、企业内训、顾问式咨询诊断、演说家论道、领袖论坛为一体的专业咨询机构。

巨海公司以“帮助企业成长，成就同仁梦想，为中国成为世界第一经济强国而努力奋斗”的伟大使命为己任；巨海公司立志成为：“中国最具正能量的教育培训机构。”

巨海公司2010年度荣获：“中国十佳培训机构”和“中国实战管理培训最具影响力品牌”荣誉称号；2011年度荣获：“中国管理咨询行业最具竞争力品牌”和“中国管理咨询行业最具竞争力十大品牌”荣誉称号；2015年度获评“中国文化管理协会培训委员会副会长单位”。

打造中國最具正能量的教育培訓機构

【公司使命】帮助企业成长，成就同仁梦想，为中国成为世界第一经济强国而努力奋斗！

【公司愿景】打造中国最具正能量的教育培训机构！

【核心价值观】诚信、正直、务实、精进、忠诚、感恩。

【经营宗旨】为企业提供实战、实效、实用的管理解决方案！

【巨海精神】

巨龙腾飞，海纳百川；
思想品行，光明磊落；
组织纪律，令行禁止；
工作态度，严谨求实；
业务技术，精益求精；
同事相处，友爱尊重；
为人处事，诚实廉洁；
团结进取，艰苦奋斗；
改革创新，追求卓越。

【巨海核心理念】

服务理念：为客户创造价值是我们永远的追求！
工作理念：工作学习化，学习工作化。
学习理念：学习是最赚钱的投资。
行动理念：行动大于计划，兑现大于承诺。
团队理念：团队第一，合作是成功的关键。
竞争理念：唯有创造竞争才能解决竞争。
人才理念：唯才是用，人尽其能。
薪资理念：收入等于价值的交换。
品牌理念：品牌就是竞争力。
创业理念：大困难带来大成就。
发展理念：永无止境地追求卓越。
营销理念：一切成交都是为了爱。
用人理念：能者上，平者让，庸者下。
管理理念：管理是严肃的爱，培训是最大的福利。
领导理念：倾财足以聚人，量宽足以得人；身先足以率人，律己足以服人。

生命智慧的十大法門

生命的擁有
在於時時感恩
生命的能量
在於焦點利衆
生命的偉大
在於心中有夢
生命的强大
在於歷經苦難
生命的喜悦
在於傳道分享
生命的價值
在於普度衆生
生命的綻放
在於内在豐盛
生命的幸福
在於用心經營
生命的成長
在於日日精進
生命的蜕變
在於真正決定

摘自戚繼智慧心語 戊戌桃月下澣於
晉陽汾水之濱金湯居荊雪鵬書